I0013832

Amira Ben Boubaker

Gestion de Risque de Projet, Plan d'Action et Lancement de Projet

Ons Abdelkhalek
Amira Ben Boubaker

Gestion de Risque de Projet, Plan d'Action et Lancement de Projet

Certification CMMi5

Éditions universitaires européennes

Mentions légales / Imprint (applicable pour l'Allemagne seulement / only for Germany)
Information bibliographique publiée par la Deutsche Nationalbibliothek: La Deutsche Nationalbibliothek inscrit cette publication à la Deutsche Nationalbibliografie; des données bibliographiques détaillées sont disponibles sur internet à l'adresse http://dnb.d-nb.de.
Toutes marques et noms de produits mentionnés dans ce livre demeurent sous la protection des marques, des marques déposées et des brevets, et sont des marques ou des marques déposées de leurs détenteurs respectifs. L'utilisation des marques, noms de produits, noms communs, noms commerciaux, descriptions de produits, etc, même sans qu'ils soient mentionnés de façon particulière dans ce livre ne signifie en aucune façon que ces noms peuvent être utilisés sans restriction à l'égard de la législation pour la protection des marques et des marques déposées et pourraient donc être utilisés par quiconque.

Photo de la couverture: www.ingimage.com

Editeur: Éditions universitaires européennes est une marque déposée de
Südwestdeutscher Verlag für Hochschulschriften GmbH & Co. KG
Heinrich-Böcking-Str. 6-8, 66121 Sarrebruck, Allemagne
Téléphone +49 681 37 20 271-1, Fax +49 681 37 20 271-0
Email: info@editions-ue.com

Produit en Allemagne:
Schaltungsdienst Lange o.H.G., Berlin
Books on Demand GmbH, Norderstedt
Reha GmbH, Saarbrücken
Amazon Distribution GmbH, Leipzig
ISBN: 978-613-1-59102-0

Imprint (only for USA, GB)
Bibliographic information published by the Deutsche Nationalbibliothek: The Deutsche Nationalbibliothek lists this publication in the Deutsche Nationalbibliografie; detailed bibliographic data are available in the Internet at http://dnb.d-nb.de.
Any brand names and product names mentioned in this book are subject to trademark, brand or patent protection and are trademarks or registered trademarks of their respective holders. The use of brand names, product names, common names, trade names, product descriptions etc. even without a particular marking in this works is in no way to be construed to mean that such names may be regarded as unrestricted in respect of trademark and brand protection legislation and could thus be used by anyone.

Cover image: www.ingimage.com

Publisher: Éditions universitaires européennes is an imprint of the publishing house
Südwestdeutscher Verlag für Hochschulschriften GmbH & Co. KG
Heinrich-Böcking-Str. 6-8, 66121 Saarbrücken, Germany
Phone +49 681 3720-310, Fax +49 681 3720-3109
Email: info@editions-ue.com

Printed in the U.S.A.
Printed in the U.K. by (see last page)
ISBN: 978-613-1-59102-0

Université de Tunis, Ministère de l'Enseignement Supérieur.

Institut Supérieur de Gestion

MEMOIRE DE FIN D'ÉTUDE EN VUE D' OBTENTION
DE LA MAÎTRISE EN INFORMATIQUE APPLIQUÉE A LA GESTION

GESTION DE RISQUE PROJET
GESTION DE PLAN D'ACTION
GESTION DE LANCEMENT DE PROJET

Réalisé par :
Abdelkhalek ONS
Ben Boubaker AMIRA

Encadré par
Bel Haj Ali Majdi (TELNET)
Ben Amor Nahla (ISG)
Gargouri Amine (TELNET)

Année Universitaire 2006 - 2007

DEDICACES

Je dédie ce modeste travail à :

Mes parents qui sont la source de ma réussite ainsi qu'à mes beaux parents.

Mon mari qui est la source de mon inspiration.

Ma famille qui est la source de ma fierté.

Mes Ami(e)s qui sont la source de ma confiance.

Mes enseignants qui sont la source de mon savoir.

Mon petit neveu « Fares ».

Tous ceux qui nous ont aidé à élaborer ce projet.

Amira

DEDICACES

Je dédie ce modeste travail à :

Mes parents et grands parents qui sont la source de ma réussite.

Ma sœur et mon frère que j'adore.

Ma famille à qui je dois tout mon bonheur et ma réussite.

Mes Ami(e)s qui n'ont jamais manqué de témoigner leur estimes à mon égard.

Mes enseignants à qui je tiens à leur montrer que je suis et resterais toujours à la hauteur de leur espérance.

A l'âme de ma grand-mère « Emina ».

A mon petit cousin « Mohamed Amine ».

Et enfin à tous ceux qui m'ont soutenu de prés ou de loin à l'achèvement de ce rapport dans les meilleures conditions.

ONS

REMERCIMENTS

Nul doute que personne n'est né avec le savoir, il doit ainsi toujours quelque chose à quelqu'un, et c'est pour cette raison que nous tenons à remercier :

Mr Mohamed FRIKHA, Mr Lotfi ZGHAL et surtout à Mr Brahim KHOUAJA qui nous ont accueillies au sein de TELNET et nous ont permis de participer à ce projet.

Mr Majdi BEN HAJ ALI pour toute sa confiance et son soutien moral tout au long de ce projet, pour le savoir précieux qu'il a aimablement voulu partager avec nous.

Mr Amine GARGOURI pour sa disponibilité, ses conseils et son temps précieux dont il nous a fait part malgré un emploi de temps chargé.

Nous ne manquerons pas à exprimer notre profonde gratitude à Mme Nahla BEN AMOR qui a accepté de nous encadrer et qui nous a fait profiter de ses larges connaissances et de ses précieux conseils au cours de notre projet de fin d'étude.

Qu'ils trouvent ici l'expression de notre sincère gratitude ainsi que toute personne qui a contribué à l'achèvement de ce projet, directement ou indirectement, volontairement ou non.

Enfin nous exprimons nos remerciements les plus dévoués aux membres de jury qui nous ont honorées en acceptant d'évaluer ce travail.

Amira & Ons

Résumé

Le présent travail, effectué au sein de l'entreprise TELNET, s'inscrit dans le cadre de notre projet de fin d'études pour l'obtention du diplôme de maîtrise en Informatique Appliquée à la Gestion à l'Institut Supérieur de Gestion.

L'objectif est d'établir une gestion de risque projet, une gestion de plan d'action et enfin une gestion de lancement de projet sous forme d'un Workflow.

Mots clés : Système d'information, Intranet, CMMi, Workflow, Oracle, UML, PL/SQL, .NET

Abstract

This project, carried out in TELNET, is conducted for the achievement of our final project which would guarantee the obtaining of a diploma in Computer Applied to Management from the High Institute of Management.

The aim of this project is to establish a Risk Management, Project Action Plan and finally Project Initiation Form and kick-off through a workflow.

Key words: Information system, Intranet, CMMi, Workflow, Oracle, UML, PL/SQL, .NET

ملخص

يندرج هذا العمل ضمن مؤسسة تلنات في نطاق مشروع ختم الدراسات قصد التحصيل على شهادة الأستاذية في الإعلامية المطبقة للتصرف بالمعهد الأعلى للتصرف.

الغرض من هذه الدراسة إعداد محور التصرف في مخاطر المشاريع، التصرف في جدول الأعمال، وأخيرا محور يخص التصرف في بعث المشروع في شكل تبادل المعلومات.

الكلمات المفاتيح : نظام المعلومات، سيممي، تبادل المعلومات ،أوراكل ، إ م ل، بل س ك ل دوت نات.

Table Des Matières

Table des figures

Liste des tableaux

INTRODUCTION GENERALE

Les chefs d'entreprises ont pour mission de rendre leurs produits utiles, durables et efficaces. Cependant toute activité entraîne des risques que les dirigeants doivent gérer et avant tout évaluer. Pour cela, il faut les identifier puis les réduire au minimum, assumer financièrement la charge de ceux qu'ils jugeront acceptables (en fonction de la taille et des capacités financières de l'entreprise) et confier les autres, généralement auprès de professionnels de l'assurance, en souscrivant des contrats d'assurance.

En effet, ce projet de fin d'études s'inscrit dans le cadre de l'évolution du système d'information de la société TELNET, il fait parti de l'un des modules nécessaires à l'obtention de la certification internationale « Capability Maturity Model Integrated » (CMMi), qui est considérée comme un référentiel pour les entreprises spécialisées dans le développement informatique comme c'est le cas pour TELNET qui a été certifiée en Décembre 2006. Notre objectif principal est de réaliser un système de gestion de risque à la fois puissant et souple, qui va être intégré dans l'intranet de la société. Par ailleurs, il doit permettre une gestion des risques de projet offrant un concept opérationnel, nécessaire et utile au management du système de gestion de projets de TELNET. Organisant ainsi le travail et gérant les risques qui se manifestent avant et pendant l'élaboration des projets.

La gestion de risque permet d'identifier les problèmes potentiels avant qu'ils ne surviennent de sorte que les activités de traitement des risques puissent être planifiées et déclenchées au besoin durant la vie du produit ou du projet, afin d'atténuer les impacts défavorables sur l'atteinte des objectifs. C'est un processus continu et dynamique qui constitue une partie importante des processus de gestion autant d'affaires que techniques.

Notre système doit également permettre l'automatisation du processus de lancement de projet, de sorte qu'il y aura un gain considérable de temps et un meilleur échange de données. Finalement, il doit assurer une gestion des plans d'actions permettant au chef de projet d'avoir une vue globale sur l'avancement des actions et détecter, ainsi, plus rapidement les causes des retards éventuels.

Le présent rapport s'articule autour de quatre chapitres, le premier est constitué d'une présentation de la notion de gestion de risque projet ainsi qu'une définition détaillée de la certification CMMI. Le deuxième chapitre propose une description approfondie de l'existant déjà présent au sein de l'entreprise en ce qui concerne les trois modules que nous allons implémenter avec une spécification de notre cahier de charge. Le troisième chapitre sera consacré à l'analyse et la conception des cas d'utilisation prioritaires. Finalement, le dernier chapitre, concernera d'une part l'implémentation et la construction de l'application, et d'autre part la présentation de l'architecture matérielle utilisée ainsi que les outils techniques et langages adoptés, et nous finirons par illustrer quelques captures d'écran de notre application.

Chapitre 1

Gestion de risque projet

1.1. Introduction

« Le risque est un évènement éventuel, incertain, dont la réalisation ne dépend pas exclusivement de la volonté des parties et pouvant causer un dommage » tel est la définition du dictionnaire Larousse (1989). De cette définition, un risque désigne un danger susceptible de se produire.

D'après le National Institute of Standard Technology (NIST), le risque est « la possibilité que quelque chose défavorable puisse survenir (1995) » mais ensuite le NIST a changé de définition en 2001 : « impact net négatif de l'exploitation d'une vulnérabilité considérant sa probabilité et son impact de réalisation ».

Nous pouvons citer d'autres définitions tel que celle de l'ISO/CEI 73 : « Combinaison de la probabilité d'un événement et de ses conséquences », et celle de ISO13335 : « conséquences potentielles d'une menace exploitant une vulnérabilité d'un bien ou d'un groupe de biens».

En résumé, un risque est un danger éventuel plus ou moins prévisible, c'est une menace qui touche plusieurs domaines et notamment au secteur du développement de logiciel informatique et des systèmes d'information, de plus, c'est la possibilité qu'un projet ne s'exécute pas conformément aux prévisions: date, coût et spécifications; d'autant plus que ces écarts ou prévisions sont considérés comme inacceptables.

Un risque peut être classifié en risque technique tel qu'un court-circuit, panne du matériel etc. , en risque humain qui peuvent être intentionnel (sabotage, attaque, espionnage, fraude, etc.) ou non intentionnel (accident, erreur, maladie, grèves, etc.) et enfin en risque naturel comme un incendie ou une catastrophe naturelle. Il est donc important de mettre en place une stratégie afin de maîtriser au mieux les risques et de les gérer.

Dans ce chapitre, nous allons définir la notion de gestion de risque dans la section 1.2, ensuite nous illustrons quelques normes traitant la gestion de risque, dans la section

1.3, dont celle du CMMi que nous comparons avec la certification ISO à travers la section 1.4 et nous terminons, dans la même section, par détailler les différents secteurs clés du CMMi, montrant ses deux principales représentations et la relation qu'ils portent avec la gestion de risque.

1.2. Notion de gestion de risque projet

La gestion de risque de projet est en passe de devenir l'une des préoccupations majeures des directions générales et des directions des systèmes d'information (DSI) : le renforcement des obligations réglementaires, l'externalisation de fonctions auparavant gérées et maîtrisées au sein de l'entreprise etc. tout concourt à faire de la gestion du risque, et notamment du risque informatique un sujet de préoccupation.

Une stratégie efficace de gestion des risques fait partie des moyens importants pour permettre aux organisations d'atteindre leurs objectifs.

La gestion des risques est donc un processus comprenant des étapes bien définies et suivies qui favorisent une meilleure prise de décision tout en fournissant une meilleure information sur les risques et leurs impacts. La gestion de risque concerne aussi bien l'identification d'opportunités que l'évitement de pertes.

Les objectifs de la gestion de risque projet sont tout d'abord la réduction des risques qui pèsent sur le projet, la maîtrise de leurs conséquences, la mise en place d'une disposition de prévention, l'arbitrage des coûts correspondants et être un moyen d'innovation.

Nous distinguons quatre manières de gestion de risque projet qui peuvent être énumérés comme suit [1]:

- *L'évitement* : si une activité présente un risque, il est préférable de l'éviter. Cette stratégie est la moins risquée et la moins chère, mais elle peut freiner le développement de l'entreprise.

- *L'acceptation* : le risque est accepté et il contracte par la suite une assurance, soit par un transfert ou par la provision dans les comptes de l'entreprise à des fins de réduction des risques financiers; cette approche ne permet pas de protéger les personnels ni l'outil de production tant qu'aucune volonté de réduction du risque ne se manifeste.

- *La réduction du risque :* identification des risques par l'audit, analyse par la recherche des facteurs de risques et des vulnérabilités, maîtrise des risques par les mesures de protection et de prévention : c'est la démarche classique de gestion des risques.

- *Le transfert :* à titre financier, le transfert de risque s'établit lorsqu'une assurance ou toute autre forme de couverture de risque financier ou garantie financière est contractée par le dirigeant confronté au risque. En cas de risque pénal pris par le dirigeant, ce transfert peut être réduit à néant. A titre opérationnel et économique, ce transfert s'effectue lorsque l'entreprise sous-traite l'activité à risque sous une forme; un sous-traitant sérieux et qualifié pourra faire payer très cher sa prestation mais aussi démontrer qu'il gère mieux le risque pour un prix équivalent voire inférieur, et le recours à un sous-traitant non qualifié ou dédaigneux du risque fera courir un risque encore plus grand.

1.3. Normes traitant la gestion de risque projet

Assurer la qualité du produit logiciel fait partie de l'objectif de toute entreprise spécialisée dans le développement informatique et pour y parvenir elle doit se référer à une norme ou une certification pour garantir sa continuité.

Richard Basque définit la norme comme suit : « une norme doit être approuvée par un organisme dûment mandaté par une communauté de pratiques pour imposer un ensemble d'énoncés qui doivent être appliqués et contrôlés ».

Face à cette définition, nous pouvons conclure que le CMMi n'est pas considéré en tant que norme mais en tant que modèle proposé et non imposé. Certaines entreprises l'adopte et la juge intéressante comme critère de sélection de prestataires.

La certification est une reconnaissance écrite d'un système à un niveau de qualité. Elle se fait généralement par rapport à une norme internationale, parmi les principaux référentiels qui intègrent la gestion de risque nous pouvons citer:

 ▪ **La famille ISO** : La norme ISO 27001, interprété par « Organisation International de Normalisation », précise les conditions pour l'établissement, la mise en œuvre et la documentation d'un Système de Management de la Sécurité de l'Information «SMSI» et elle le définit comme étant une partie du système de gestion global, basé sur une approche de risque et permettant d'établir, d'implémenter, de contrôler, de maintenir et d'améliorer la sécurité de l'information.

 ▪ **CMMi :** Capability Maturity Model Integrated traduit par « Modèle d'évolution des capacités logiciel ». Ce modèle est proposé par Software Engineering Institue (SEI). Il est considéré à la fois comme une certification puisqu'il traite le niveau de qualité et comme une norme du moment qu'il permet d'organiser au mieux les processus de management.

Il existe donc plusieurs normes et certifications traitant la gestion de risque mais nous allons s'intéresser, dans la section suivante, au CMMi puisque la société TELNET adopte cette démarche.

1.4. Certification CMMi

Voulant maîtriser la qualité des projets informatiques, le département de la défense américain (DoD) a décidé alors de mettre en place un institut intitulé le Software Engineering Institue (SEI), sa mission est de promouvoir le transfert de technologie en matière de logiciel, particulièrement pour les entreprises travaillant pour le DoD. Un leader qui avait déjà travaillé avec IBM, Watts Humphrey, et qui avait bénéficié

d'une expérimentation au niveau de la qualité totale, avait extrait un cadre de bonnes pratiques : c'est là que provient le concept Capability Maturity Model (CMM). Avec la collaboration de son équipe, Watts a publié des référentiels et outils d'évaluation pour arriver finalement au modèle CMMi.

D'après Xavier Borderie [2], le CMMi est « un modèle d'évaluation de niveau de maturité d'une entreprise en matière de développement informatique». Cette définition montre que la certification est juste un modèle pour suivre en ce qui concerne la conduite de projet informatique pour atteindre la maturité au niveau des processus.

Le CMMi [3] est une extension de CMM dont il a pris quelques notions mais avec un référentiel d'évaluation proposant un nombre de bonnes pratiques (Best Practices) liées à la gestion, au développement et à la maintenance d'application ou système informatique. Ce certificat est un référentiel professionnel destiné exclusivement aux métiers de l'ingénierie (projets et maintenance), avec une approche intégrant la conduite du changement dans sa démarche, en valorisant les équipes et les savoir-faire existants.

Les différents niveaux de maturité relatifs à la norme CMMi sont représentés par la figure 1.1.

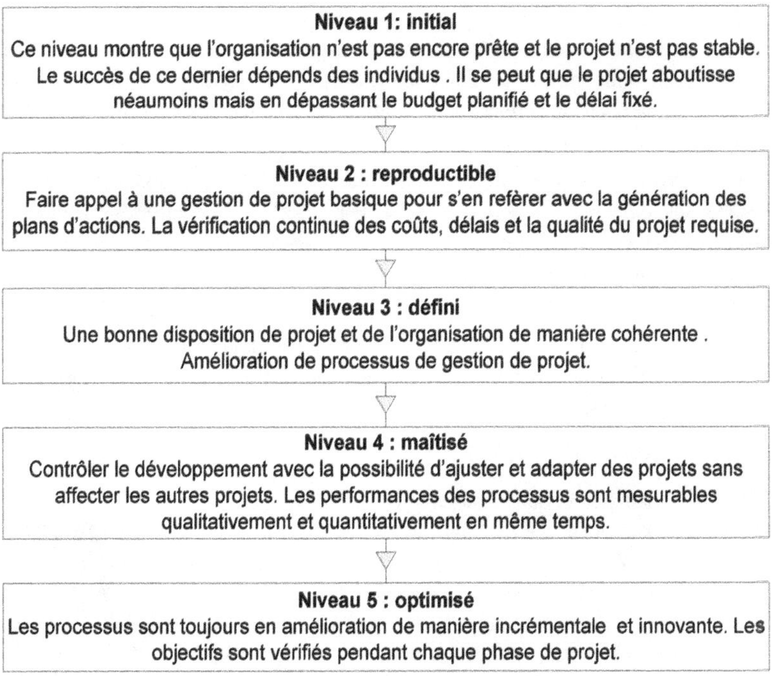

Niveau 1: initial
Ce niveau montre que l'organisation n'est pas encore prête et le projet n'est pas stable. Le succès de ce dernier dépends des individus . Il se peut que le projet aboutisse néaumoins mais en dépassant le budget planifié et le délai fixé.

Niveau 2 : reproductible
Faire appel à une gestion de projet basique pour s'en référer avec la génération des plans d'actions. La vérification continue des coûts, délais et la qualité du projet requise.

Niveau 3 : défini
Une bonne disposition de projet et de l'organisation de manière cohérente . Amélioration de processus de gestion de projet.

Niveau 4 : maîtisé
Contrôler le développement avec la possibilité d'ajuster et adapter des projets sans affecter les autres projets. Les performances des processus sont mesurables qualitativement et quantitativement en même temps.

Niveau 5 : optimisé
Les processus sont toujours en amélioration de manière incrémentale et innovante. Les objectifs sont vérifiés pendant chaque phase de projet.

Figure1.1 - Les niveaux de maturité du CMMi -

1.4.1. Les représentations du modèle CMMi

Le modèle CMMI englobe un certain nombre de secteurs-clés (25 environ et qui seront détaillés dans la figure 1.3), auxquels sont associés des objectifs et des pratiques. Nous distinguons des objectifs génériques et des objectifs spécifiques, selon qu'ils soient partagés par tous les secteurs-clés ou qu'ils soient spécifiques à un secteur en particulier.

La figure 1.2 représente l'architecture de l'ensemble des secteurs clés ainsi que les différents objectifs spécifiques et génériques accompagnés par les pratiques spécifiques.

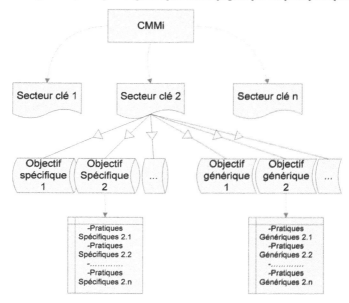

Figure 1.2 - Architecture des secteurs-clés de CMMi -

Deux modes de représentation du modèle coexistent [4], correspondant à deux points de vue légèrement différents : la représentation continue et la représentation étagée. Les deux s'appuient sur les mêmes secteurs clés, mais ceux-ci sont utilisés différemment.

- **Représentation continue**

Dans cette représentation, les secteurs-clés sont regroupés en quatre catégories : *Gestion de processus* (5 secteurs-clés), *Gestion de projet* (8 secteurs-clés), *Ingénierie* (6 secteurs-clés) et *Support* (6 secteurs-clés).

Le tableau 1.1 présent ci-dessous montre qu'à chaque secteur-clé est associé un niveau de capacité, sur une échelle allant de 0 à 5.

Tableau 1.1 - Représentation continue -

Niveau	Description
Niveau **0** - Incomplet	Les objectifs associés à ce secteur-clé ne sont pas remplis.
Niveau **1** - Réalisé	Les objectifs sont atteints, mais cette réussite repose essentiellement sur les individus.
Niveau **2** – Géré	Les objectifs sont remplis en suivant des plans préétablis.
Niveau **3** – Défini	Une politique de normalisation des processus est mise en place au niveau de l'organisation.
Niveau **4** - Maîtrisé	Des mesures sont effectuées pour contrôler les processus et agir en cas de déviation par rapport aux objectifs de l'organisation
Niveau **5** – En optimisation	Les processus sont sans cesse remis en question afin d'être toujours en adéquation avec les objectifs de l'organisation.

Il est ainsi possible de déterminer le profil d'une organisation, en étudiant pour chaque secteur-clé son niveau de capacité. Tous les secteurs-clés n'atteignent pas forcément le même niveau, ce qui permet d'apercevoir les points forts et les points faibles de l'organisation.

- **Représentation étagée**

Dans cette représentation, illustrée par la figure 1.3, un niveau global de maturité de l'organisation va être déterminé, et non pas un niveau par secteur-clé. Les 25 secteurs clés sont regroupés par niveaux de maturité sur une échelle de 1 à 5, comprenant chacun respectivement 0, 7, 14, 2 et 2 secteurs-clés. Les niveaux de maturité ont les caractéristiques suivantes :

Dans le niveau initial, les processus sont imprévisibles et incontrôlables. Ce niveau est équivalent à l'obtention de la norme ISO 9001. Ensuite, dans le niveau géré, des procédures sont mises alors en place pour chaque projet en utilisant les 7 processus pour permettre une bonne conduite de projet. Puis, les processus sont définis et documentés au niveau de l'organisation au niveau défini avec les 14 processus.

Par la suite, l'organisation se fixe des objectifs quantitatifs et qualitatifs et se dote de moyens pour contrôler qu'ils sont atteints au niveau maîtrisé. Et enfin les processus sont en continuelle amélioration pour être toujours dans le niveau optimisé et ceci est bien résumé dans le tableau 1.2.

Seuls les processus qui sont marqués en gras dans la figure 1.3 sont en relation avec le processus de gestion de risque, ce point sera détaillé dans la section suivante.

Figure 1.3 - Les domaines de processus selon la représentation étagée -

Tableau 1.2 - Représentation étagée -

Niveau	Description	Nombre de secteurs clés
Niveau 1 – Initial	Les processus sont imprévisibles et incontrôlables.	0
Niveau 2 – Géré	Des procédures sont mises en place pour chaque projet.	7
Niveau 3 – Défini	Les processus sont définis et documentés au niveau de l'organisation.	14
Niveau 4 –Maîtrisé	L'organisation se fixe des objectifs quantitatifs et qualitatifs et se dote de moyens pour contrôler qu'ils sont atteints.	2
Niveau 5 - En optimisation	Les processus sont en continuelle amélioration.	2

Le niveau de maturité de l'organisation va être ainsi déterminé en examinant les secteurs clés dont les objectifs sont remplis. Tant que les 7 secteurs-clés du niveau 2 ne sont pas validés, l'organisation reste au niveau de maturité initial. Une fois atteint le niveau 2, elle y restera tant qu'elle n'aura pas validé les 14 secteurs-clés du niveau 3, et ainsi de suite jusqu'à atteindre le niveau de maturité 5 ce qui est le cas pour TELNET.

- **Différence entre les représentations du CMMi**

    Les deux représentations permettent d'aborder le problème de l'amélioration des processus au sein d'une organisation sous deux angles différents. La première représentation, continue, donne une grande liberté dans le choix des secteurs-clés à améliorer en priorité, puisque ce choix n'est nullement contraint.

    La seconde représentation, étagée, laisse moins de liberté et donne moins de détails sur l'organisation, puisque seul un niveau global de maturité est déterminé. Mais elle fournit un guide appréciable pour la conduite de l'amélioration en imposant l'ordre des secteurs à améliorer. Elle est en outre plus facile à mettre en œuvre : pour chaque secteur-clé, il s'agit simplement de savoir s'il est validé ou pas.

    La représentation continue sera ainsi plus adaptée aux petites structures, dont nous maîtrisons les moindres enchaînements et pour lesquelles le risque de se perdre dans les détails est relativement faible ; la représentation étagée sera plus adaptée aux grosses structures, auxquelles elle fournira des règles solides et une vue synthétique.

Notons qu'il est possible de passer sans difficulté de la représentation continue à la représentation étagée : il suffit de prendre tous les secteurs-clés d'un niveau de maturité donné; pour chacun de ces secteurs-clés, nous pourrons déduire de son niveau de capacité s'il est validé ou pas.

1.4.2. Comparaison entre CMMi et les autres normes

Le domaine d'application de l'ISO est plus large que celui du CMMi puisque ce dernier s'applique principalement aux pratiques de développement et de maintenance quant à l'ISO 9001 s'applique à l'ensemble des activités d'une organisation.

Le CMMI est donc moins sujet à interprétation, chaque pratique du modèle étant largement commentée.

Le tableau 1.3 représente une étude comparative entre le certificat CMMi et la norme internationale ISO.

Tableau 1.3 - Comparaison entre CMMi et ISO -

CMMI	ISO
- Modèle spécifique à l'informatique.	- Modèle non spécifique au domaine de l'informatique. - L'ISO 9001 est orienté sur la qualité des processus et non pas sur la qualité du produit
- Modèle applicable dans un contexte de développement de logiciel et système.	- Norme qui couvre tous les secteurs d'une entreprise et notamment le développement logiciel et système.
- Modèle qui identifie les pratiques opérationnelles à mettre en œuvre.	- Modèle qui se limite à la définition des principes de gestion du système qualité.
- Modèle selon 5 niveaux de maturité détaillés. - Démarche d'amélioration progressive des processus. - Evaluation de la maturité.	- Modèle abstrait de haut niveau. - Conçu pour un usage plus général. - Audit. - Faire appel à CMMi pour évaluer la performance des processus.

La pratique d'évaluation est différente en d'autres termes au niveau du CMMI, une organisation se fait évaluer par une équipe constituée d'un évaluateur certifié par le SEI, accompagné d'une équipe d'évaluation, typiquement constituée de membres de l'organisation évaluée et éventuellement d'évaluateurs extérieurs à l'organisation évaluée.

En revanche, au niveau de l'ISO 9001, une organisation se fait auditer par un auditeur autorisé par l'ISO à effectuer des audits ISO 9001.

1.4.3. CMMi et la gestion des risques projet

La gestion des risques selon la certification CMMi, peut être divisée en trois parties: identification et analyse des risques, définition d'une stratégie de gestion des risques et traitement des risques identifiés incluant la mise en œuvre de plans de mitigation de risques, au besoin.

La gestion des risques se réfère au secteur de processus *Planification de projet* pour plus d'information sur l'identification des risques d'un projet et la planification de la participation des parties affectées et impliquées. Aussi elle est liée au secteur de processus *Suivi et contrôle de projet* pour plus d'informations sur le suivi des risques d'un projet et enfin, elle est reliée au secteur de processus *Analyse des décisions et résolution* pour d'avantages d'informations sur l'utilisation d'un processus formel d'évaluation permettant d'évaluer les alternatives pour la sélection et la résolution des risques identifiés comme le montre la figure 1.4.

La gestion des risques admet trois buts spécifiques :

- *La préparation de la gestion des risques* incluant la détermination des sources et catégorisation des risques, la définition des paramètres des risques et établir un plan de résolution de problème.

- *L'identification et l'analyse les risques* en reconnaissant les risques, les évaluer, les catégoriser et déterminer leurs priorités.

- *Mitigation des risques* en développant un plan de résolution des risques et en les implémentant par la suite.

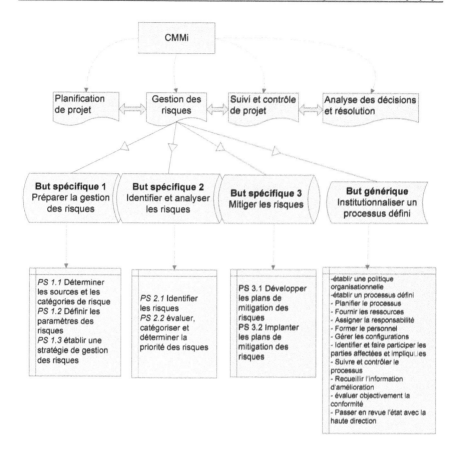

Figure 1.4 - La gestion des risques dans CMMi -

1.5. Conclusion

Le modèle CMMI répond à plusieurs problématiques du département des Systèmes d'information qui peuvent être résumées comme suit : La réduction des coûts de développement à qualité égale, augmentation de la qualité des produits logiciels sans augmenter les coûts, anticipation du coût réel des projets, intégration des sous-traitants dans les processus logiciels (externalisation, off-shore, etc.) et enfin comparaison de sa performance avec celles des autres et justifier les budgets d'amélioration.

La société TELNET est déjà certifiée depuis Novembre 1998 par le certificat AFAQ/EQNET ISO9001 reconnu mondialement, cependant elle vient de renouveler sa certification ISO 9001 version 2000 pour la conception, développement et intégration de produits logiciels dans le domaine des technologies de l'information. La démarche de l'entreprise TELNET dans le domaine de la qualité ne se limite pas au certificat ISO 9001 mais va au-delà par la certification CMMi niveau 5 pour son continuelle amélioration au niveau de ses processus en adoptant dans sa démarche la représentation étagée. Cependant, la société tente toujours de répondre aux exigences du modèle.

Dans ce chapitre, nous avons pu dégager l'importance de la gestion de risque projet et bien assimiler la notion de la certification CMMi adoptée par notre entreprise. Par ailleurs, nous allons nous intéresser, dans le chapitre suivant, aux besoins de notre application pour répondre aux attentes de l'entreprise, nous entamerons aussi une étude approfondie du système existant ce qui nous permettra de faire ressortir les cas d'utilisations sur lesquels nous nous baserons pour la phase de conception.

Chapitre 2

Cahier des charges

2.1. Introduction

Dans ce chapitre nous allons procéder, dans la section 2.2, par une étude approfondie du système existant et ses limites dans les différents modules que nous allons traiter. Ensuite, nous détecterons les besoins fonctionnels et non fonctionnels ainsi que les différents acteurs, ce qui nous amènera à spécifier les différentes itérations à travers la section 2.3.

2.2. Etude de l'existant

L'étude de l'existant portera sur les trois modules que nous allons implémentés, à savoir la gestion de risque, la gestion de lancement de projet et enfin la gestion de plan d'action. Nous nous sommes référées dans cette étude à l'unique ressource propre à l'entreprise à savoir le Guideline [5].

2.2.1. Gestion de risque de projet

Les documents déjà existant à TELNET à propos de la gestion de risque sont constitués de tableaux Excel dans lesquels chaque employé détectant un risque doit le signaler au chef projet, ce dernier devra saisir tous les paramètres nécessaires à la prise de décision pour la résolution de ce risque.

Chaque risque est lié à un projet, il est défini par un unique identificateur qui s'auto incrémente à chaque détection d'un nouveau risque.Ce document a pour nom « Risk Tracking Form » il est crée suite à une détection de risque, soit par le client dès le début du projet alors ce risque sera signaler dans le WBS « Work Breakdown Structure » qui est l'analyse initiale du projet faite par le chef département ou le chef projet, ou bien tout au long de l'avancement du projet, que ce soit à la phase conception, implémentation ou test.

La gestion de risque à TELNET est divisée en trois grandes parties qui sont la préparation à la gestion de risque et l'identification, l'analyse et la résolution du risque, chacune d'elles comportent un certains nombres de bonnes pratiques qui doivent être valider pour assurer le niveau 3 de la certification CMMi. Nous allons à présent présenter chaque partie ainsi que ses pratiques spécifiques.

2.2.1.1. Préparation à la gestion de risque

Cette étape est déclenchée dès l'identification d'un nouveau risque pour un projet, durant laquelle le chef de projet doit identifier la source et la catégorie du risque, ses paramètres et établir une stratégie de résolution.

a. Source et catégorie du risque

Dans cette partie le chef de projet doit mentionner l'étape où a été identifié le risque durant le cycle de vie du projet ainsi que sa catégorie.

Parmi les catégories les plus sollicitées nous notons :

• *Les risques projet* : ces risques sont liés à la budgétisation probable du projet, au planning, aux ressources, aux personnels, aux consommateurs, aux problèmes de recrutement et leurs impactes dans les projets logiciels.

• *Les risques techniques* : ces risques menacent la qualité et l'opportunité pour que les logiciels soient productifs. Elles identifient les problèmes de design, d'implémentation, de vérification et de maintenance liés aux logiciels.

• *Les risques entreprises* : il peut y avoir plusieurs type pour ce genre de risque tel que :

- Construire un excellent logiciel ou système dont le besoin ne se présente pas.

- Construire un logiciel qui ne coïncide pas avec la stratégie des affaires ou de l'entreprise.

- Construire un logiciel dont la méthode de vente est imprévisible.

- Perdre le soutient du chef de projet dû à un changement dans certains points du projet ou à un changement du personnel.

• *Les risques connus* : ces risques peuvent être découvert après une évaluation et une étude du plan du projet.

• *Les risques prévisibles* : les risques se dérivent des expériences de projets déjà existants.

• *Les risques imprévisibles* : ils sont difficiles à prédire dés le début du projet.

b. Identification des paramètres liés au risque

Ces paramètres sont nécessaires à l'évaluation, la catégorisation et pour mettre les priorités pour chaque risque, ils incluent :

- La probabilité d'occurrence.
- L'impact des risques et la gravité de son occurrence.

c. Etablir une stratégie de gestion de risque

La stratégie de gestion de risque doit être guidée par un objectif commun et une vision qui décrit le produit final en termes de résultat, de coût et de compétences.

Une bonne stratégie de gestion de risque doit comporter :

- Le domaine de gestion de risque
- La spécification de la source du risque
- L'organisation, la catégorisation et une comparaison des risques
- Les techniques de résolution de risque

2.2.1.2. Identification et analyse de risque

L'analyse du risque implique l'estimation du coefficient d'exposition au risque ainsi qu'une évaluation de ce dernier. Cette phase comporte deux étapes :

a. Identification du risque

Le risque doit être identifié et décrit avec une méthode compréhensible avant leur analyse et gestion, il y a donc l'identification du type de risque (interne ou externe) et de son délai (long ou court terme). Tous ces paramètres sont représentés dans les tableaux 2.1 et 2.2.

Tableau 2.1-Tableau du délai de risque-

Valeur	Description
1	Long terme
2	Court terme

Tableau 2.2 - Tableau du type risque-

Valeur	Description
I	Interne
E	Externe

Une fois identifié, le risque doit être documenté et analysé pour comprendre comment estimer le coefficient d'exposition et établir les actions qui aideront à déterminer quand est ce qu'un plan de mitigation sera exécuté.

Parmi les méthodes les plus utilisées pour l'identification du risque, c'est d'interviewer les SMEs[1] qui sont les experts dans le domaine de gestion de risque, consulter la base de donnée des risques, se référer au « Risk-Guideline » [5], etc.

Chaque membre du projet qui détecte un risque est tenu de l'identifier.

b. Evaluer, catégoriser et attribuer priorités aux risques

C'est lors de cette phase que doivent être saisies les qualificateurs du risque qui sont constitués de :

- *Identification du risque :* c'est une description du risque identifié.

- *Impact :* il représente le taux de l'impact sur la progression du projet si le risque se produisait, il existe cinq degrés d'impact qui varient : d'aucun impact jusqu'à une situation critique .Il sont représentés dans tableau 2.3.

Tableau 2.3- tableau de paramètre d'impact-

Valeur d'impact	Description
0	*Pas d'impact :* si le risque se produit, il n'aura aucun effet sur le projet. Toutes les exigences vont être satisfaites.
1	*Impact négligeable* : si le risque se produit il aura un effet négligeable sur le programme du projet .Toutes les exigences vont être satisfaite.
2	*Impact mineur :* si le risque se produit, le projet va compter une petite augmentation de coût. Un minimum d'exigences va être envisagé ainsi que ceux qui sont classé secondaire.
3	*Impact modéré :* si le risque se produit, le projet va compter une augmentation modérée du coût. Un minimum de exigences va être envisagé mais pas ceux qui sont classé secondaire.
4	*Sérieux impact :* si le risque se produit, le projet va compter une augmentation majeure du coût. Un minimum de exigences va être envisagé mais pas ceux qui sont classé secondaire.
5	*.Impact critique :* si le risque se produit, le projet va échouer. Le minimum d'exigences ne va pas être envisageable.

- *La date :* elle représente la date à laquelle le risque a été identifié.

---

[1] System Matter Expert

- *Action de mitigation* : décrit ce qui est entrain de se faire ou ce qui va se passer pour réduire l'impact et/ou la probabilité du risque qui s'est manifesté.

- *Probabilité* : c'est le pourcentage d'occurrence du risque, qui peut être classé en cinq parties comme le montre le tableau 2.4.

Tableau 2.4 -Tableau de probabilité d'occurrence du risque-

Probabilité	Description
91% - 100%	Très probable
61% - 90%	Probable
41% - 60%	Même probabilité
11% - 40%	Improbable
1% - 10%	Très improbable

L'analyse et le plan de mitigation doivent être présentés dans le plan du projet comme suit, et chaque fois qu'un nouveau risque se présente, le tableau doit être mis à jour comme le montre le tableau 2.5 et la figure 2.2.

Tableau 2.5 -Description du risque –

Risque ID.	Date	Identification du risque	Probabilité	Impact	Action de mitigation

Une fois tous ces paramètres saisis, un coefficient d'exposition au risque est calculé en fonction de l'impact, la probabilité et du délai selon la formule 2.1, et c'est en fonction de ce dernier qu'un plan de résolution est alors élaboré par le chef de projet et le responsable qualité si besoin.

Cœfficient d'exposition = (Impact * Probabilité * Délai) / 100 **(2.1)**

2.2.1.3. Mitiger le risque

Tous les risques identifiés doivent être traqué et résolu jusqu'à une capture définitive, et pour y parvenir un plan de mitigation est alors élaboré par le chef projet, le chef département et même le responsable qualité afin de trouver des solutions possibles pour soit capturer les risques sinon essayer de les atténués.

Si le coefficient d'exposition de risque est compris entre 1 et 6, un plan de mitigation est alors établi pour capturer le risque mais dans le cas contraire c'est un plan de contingence qui va atténuer la conséquence de l'impact du risque sur le projet.

a. Etablir un plan de mitigation

L'élément critique du plan de mitigation de risque c'est de trouver des alternatives possibles pour capturer les risques ainsi que des plans d'action pour les mitiger et ceci pour chaque cas de risque et pour les réduire à un niveau acceptable.

Pour chaque plan de capture de risque doit être identifié la personne qui va s'occuper de la mitigation, la date limite avant laquelle le plan doit être implémenté et l'état actuel du risque : s'il est en état « open » c'est que le risque est en cours de procédure sinon il est à l'état «close» et le risque est définitivement capturé.

b. Implémenter le plan de mitigation de risque

Après l'établissement d'un plan de mitigation, le risque reste sous observation et l'équipe projet se réunit alors pour décider de la solution la plus probable pour atténuer le risque.

La stratégie de gestion de risque définie l'intervalle dans lequel le statut du risque doit être révisé.

La figure 2.1 représente toutes les étapes que nous venons de citer par laquelle passe le processus de gestion de risque et nous y distinguons le cheminement des étapes pour arriver à une capture totale ou partielle du risque. Ces étapes doivent être répéter à chaque fois qu'un nouveau risque se manifeste dans le projet. Suivi par un tableau 2.2 qui représente l'existant de l'entreprise.

Gestion des risques

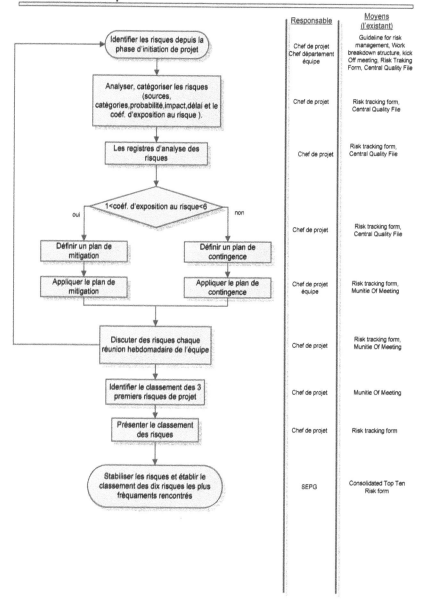

Figure 2.1 - Le processus de gestion de risque -

Risk Tracking Sheet

Project ID: HPK

Date:

Risk ID	Identification Date	Source Person	Risk Statement	Probability	Impact	Time Frame	Exposure	Risk Type	Risk Category	Risk Mitigation Approach	Contingency Plan	Due Date	Who	Status
1	04-juin-05	Mohamed	Difference between estimated efforts and ...	80	3	1	2,4	Internal	4	Persuade customer for providing more specifications towards the start of cycle.	To be decided.	######	Khaled	Open
2	06-juin-05	Walid	Customer request to complete the many items on short period.	60	2	1	1,2	Internal	4	Maintain strict schedule, escalate for any issues.	To be decided.	######	Hamodi	Open
3	07-juin-05	Ahmed	Frequent Requirement Changes	40	2	1	0,8	Internal	2	Understanding of the initial requirement and seeking clarifications as and when required.		15-juin-05	Salim	Open
4	07-juin-05	Karim	Change in customer coordinator	40	2	2	1,6	Internal	3	Better Status reporting		######	Ayub	Open
5							0	Internal						

Figure 2.2 - Tableau de gestion des risques projet à TELNET -

2.2.1.4. Le « Top ten risque »

Un classement des risques les plus fréquemment rencontrés au cours de l'élaboration du projet est généré chaque six mois dans une réunion dans laquelle se rencontre le chef de projet, le chef département et toute l'équipe qui travaillent sur le projet en cours, cette réunion est appelée le SPEG.

Pour chaque catégorie de risque est calculée la somme de tous les coefficients d'exposition des risques appartenant à cette catégorie, un classement de la somme des coefficients est ensuite élaboré pour déterminer les risques les plus rencontrés dans chaque catégorie.

Pour chaque catégorie, une liste de tous les risques appartenant à cette catégorie est générée, suivi d'une liste des approches adoptés pour l'atténuation de risque, ensuite nous trouvons une liste des projets en relation avec ces risques, la somme de coefficient d'exposition qui a permit de faire le classement, et en fin les plans de contingence exécutés.

Dans le tableau 2.6 nous allons illustrés le contenu de la liste des « Top ten risque »

Tableau 2.6 - Table du Top ten risque-

Numéro	Catégorie risque	Risques	Approche d'atténuation du risque	Projets	Somme des coefficients d'exposition	Plan de contingence

2.2.2. Gestion de lancement de projet

A chaque lancement d'un nouveau projet, le chef de projet devra, en premier temps, accéder à la partie d'ajout de projet se trouvant dans le module de gestion de projet et saisir les paramètres projet, en deuxième temps, remplir un document Word qui représente « la fiche de revue du lancement du projet », une fois ce document rempli il sera renvoyé au chef du département, ce dernier va étudier la faisabilité du projet, saisi ses observations et le renvoi au responsable qualité qui, après analyse, attribuera une référence au projet et pour terminer donnera la décision en retournant ce ficher complété et validé.

Ce document comprend trois grandes parties, résumant le workflow de la fiche de lancement du projet, qui sont :

- *Description du projet et de l'équipe projet* :

Dans cette partie, le chef projet devra donner une description synthétique du projet, ses caractéristiques (activités, catégories, statut) et des compétences requises tout au long du projet (les technologies). Ensuite il y a détermination de la date début et fin du projet ainsi que du coût et le délai fixé par le client sans omettre la liste des éléments importants du contrat. Enfin, le chef projet devra citer les noms de l'équipe projet, les coordinateurs qualité, les experts désignés (pour valider la conformité selon la certification CMMI), les périodicités des réunions d'avancement, de diffusion des indicateurs qualités et des réunions projets. Un lien doit être établi avec le tableau des risques pour pouvoir accéder à la description des risques préliminaires identifiés.

- *Les éléments d'entrées du projet* :

Le chef projet devra saisir un tableau comportant le type de l'élément (devis, cahier de charge, planning, spécification système, plan de développement…) le titre, la référence et l'édition ou la date. Ce tableau est présenté ci-dessous dans la figure 2.3 (a).

- *Les observations du chef département, du responsable qualité et la décision* finale :

Dans cette partie, le chef département est tenu de répondre au deux questions suivantes puis envoyer le document au responsable qualité:

1- « Y'a t-il des écarts entre la commande de lancement des travaux et l'offre de TELNET ? Si oui, veuillez les lister »

2- « Les écarts sont ils résolubles sans risques et sans besoins de modification de l'offre ? »

Ensuite le responsable qualité doit saisir ces observations, tout en tenant compte de celles du chef département, avant de décider ou non du lancement du projet. Si la décision est positive, il attribut alors une référence interne au projet qui permet à ce dernier de joindre la liste des projets en cours sinon le projet sera rejeté et étudié de nouveau.

La figure 2.3 représente la fiche de lancement de revue de lancement projet utilisée actuellement par TELNET.

Fiche de revue de lancement Projet

(Project Initiation Form)

CD :   Client :   CP :

Description synthétique du projet :   Coût du projet :

Délai du projet :

Caractéristiques du projet :

Compétences requises :

Date de début :   Date De fin :

Liste des éléments du contrat :

Equipe Projet :   **Pilotage du projet :**

Périodicité des réunions d'avancements :

Coordinateur qualité :   Périodicité de diffusion des indicateurs qualité :

Experts Désignés :   Périodicité des réunions Projets :

Eléments d'entrée

Type	Titre	Réf.	Edition ou date
Devis			
Cahier des charges			
Planning			
Spécifications systèmes			
Plan de développement			
Plan qualité			
Plan de validation			
Gestion des risques			

Etablie par :   Visa CDP :   Circulation :   SQA :

Date :   CD :

Figure 2.3 (a) - Fiche de revue de lancement de projet -

Une fois que cette page est remplie par le CP, ce fichier sera envoyé au CD (avec une copie au SQA) qui donnera suite par envoi du fichier avec son visa au SQA. Celui ci après analyse donnera la décision par retour de ce fichier complété et validé

Observations du CD :

'Y'a t-il des écarts entre la commande de lancement des travaux et l'offre de Telnet :
Si oui, veuillez les lister :

'Les écarts sont ils résovables sans risques et sans besoins de modification de l'offre

Date :
Visa :   Circulation vers le RQ

Observations du SQA :

Date :   Visa :

Décisions de lancement :

Décision de lancement :   Oui   Non

Commentaire :...

Code interne du projet :

Type du projet : (Reccurent/ Fixed price) :

Actions complémentaires :
....
....
....
Date de la revue :

Figure 2.3 (b) - Fiche de revue de lancement de projet -

2.2.3. Gestion des plans d'action

Après la création de la fiche de lancement de projet et la saisie des risques préliminaires, une réunion est alors organisée pour la répartition des différentes tâches et activités, cette réunion est alors appelé le « SPEG » dans laquelle doivent être présent le chef projet et toute l'équipe travaillant sur le projet.

Cette gestion se fait à travers un tableau qui illustre toutes les actions qui sont planifiées ou ont été exécuté tout au long de la réalisation du projet entre autres celles qui concernent les approches établis pour la capture des risques, et il est accessible par toute l'équipe et est illustré dans la figure 2.4. Chaque membre doit alors saisir dans ce tableau les tâches qui lui ont été affecté et spécifier ses actions.

Ce tableau comporte:

- La priorité : elle peut être soit haute, moyenne ou faible.

- La personne : c'est le nom de la personne qui va effectuer la tâche et c'est lui-même qui la déclare.

- Sujet de l'action : c'est le titre de la tâche.

- Description de l'action : ce sont des notes explicatives qui décrivent l'action.

- Statut de l'action : elle est ouverte (en cours d'exécution) ou fermé (tâche exécutée).

- Date planifiée de fin de tâche : c'est la date décidé lors du SPEG.

- L'action suivante : c'est le nom de l'action qui suit celle qui est en cours.

- L'entité.

- Type de l'action : l'action peut être soit une action se rapportant à un projet, une action logicielle, électronique, mécanique ou industrielle.

- Date réelle de fin : c'est la date à laquelle l'action est passé de statut ouvert à celui de fermer.

Suite à chaque mise à jour du plan d'action, un mail sera envoyé automatiquement au chef de projet pour l'informer des modifications établies.

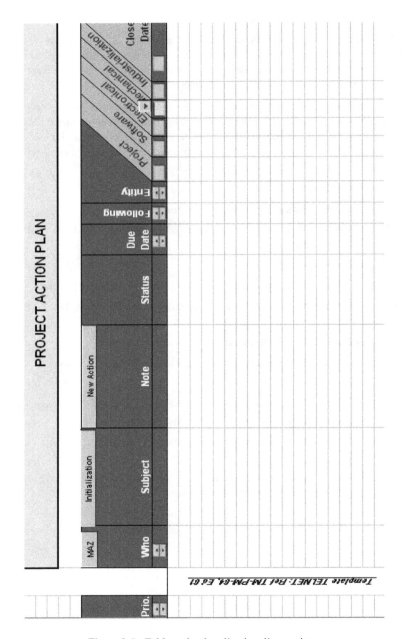

Figure 2.4 - Tableau du plan d'action d'un projet -

2.2.4. Critiques de l'existant

Le système d'information de TELNET contient différents modules de gestion à savoir la gestion des projets, la gestion des achats et la gestion des ressources humaines, etc.

La gestion des risques représente l'un des processus du CMMi, il fallait donc mettre un système de gestion intégré à TelnetTeam pour mieux organiser le travail et maîtriser ainsi les risques projets. Assurer aussi une gestion des plans d'action et la gestion de lancement de projet.

L'étude de la situation de l'entreprise, qui a mis en évidence quelques contraintes qui troublent l'organisation de la gestion des projets d'un point de vue technique et fonctionnelle, ainsi que les outils qui existent pour remédier à ces problèmes, nous a permis de mieux cerner les fonctionnalités du système de gestion de risque et des plans d'action.

En effet, l'existant comme nous l'avons présenté dans la section précédente, est constitué principalement de documents Excel et Word, ce qui présente un grand handicap de gestion surtout en ce qui concerne l'effort fourni pour prévenir toute l'équipe du projet suite à une mise à jour d'un des documents, ou lors d'une nouvelle saisie comme c'est le cas de la fiche de lancement d'un nouveau projet alors que ça pourrait se résumer à l'envoi d'un simple mail.

2.3. Spécification des besoins

La gestion de risque, ainsi que tout le reste des modules qui vont être développés, seront intégrés dans le système intranet de TELNET et ceci afin de permettre une bonne organisation de travail au niveau de la gestion de plan d'actions ainsi qu'une meilleure gestion des risques de projet. Le système dont la société veut se doter, doit être opérationnel, évolutif, convivial et offrant les informations nécessaires à temps réel. Dans ce contexte, l'application à réaliser doit satisfaire les exigences de la totalité des utilisateurs. Nous présentons dans ce qui suit, tous les acteurs, les besoins fonctionnels et non fonctionnels ainsi que le diagramme des cas d'utilisation en s'inspirant du processus unifié.

2.3.1. Identification des acteurs

Suite à plusieurs entretiens avec le personnel, nous avons pu identifier les principaux acteurs qui sont exclusivement internes et qui acquièrent chacun plusieurs rôles dans l'entreprise.

La liste des ces acteurs peut être résumée comme suit :

a. Chef de département :

Cet acteur a pour rôle de :

- Suivre les activités/projets à sa charge et prévenir des baisses de charge.
- Apporter son expertise sur les activités, au besoin.
- Suivre le respect rigoureux des processus mis en place (Qualité/Planning et charge)
- Saisir ses observations concernant la faisabilité des projets
- Participer à la résolution de risques projet persistants et qui ont un grand impact sur le projet.

b. Chef de projet

Il est amené principalement à :

- Participer à l'élaboration des pré études / devis des projets en relation aux projets à sa charge et les faire vérifier et approuver.
- Piloter le projet selon le cycle de vie défini dans le plan de développement.
- Mettre en œuvre et entretenir le planning du projet en fonction des exigences fonctionnelles des clients, des moyens et des ressources à sa disposition.
- Etablir le tableau de bord lors des réunions projets.
- Maîtriser l'avancement du développement du projet par le contrôle des plans d'action de ce dernier.
- Définir les éléments d'entrée et de sortie de chaque phase du développement du projet.
- Participer aux développements, s'il y a lieu, en tant que membre de l'équipe.
- Maîtriser et capturer les risques projet au cours de son cycle de vie

c. Responsable qualité

Il a pour rôle de :

- Vérifier la qualité du projet tout au long du cycle de développement du projet.
- Donner son approbation de lancement de projet sous l'accord du chef de département et affectation du code interne projet.
- Résoudre les risques persistants avec le chef projet.

d. Equipes du projet

Ils sont tenus de :

- Développer les tâches qui lui sont affectées.
- Assurer le respect du plan de qualité.
- Assurer le respect de la charge estimée et mentionner les écarts probables.

2.3.2. Identification des besoins

Dans ce qui suit, nous allons présenter les différents besoins fonctionnels et non fonctionnels de notre application. Ces derniers représenteront les cas d'utilisations que nous allons développons par la suite.

a. Identification des besoins fonctionnels

Notre application doit satisfaire les besoins fonctionnels suivants :

⇒ **Gérer tous les aspects de la gestion des risques de projet en un seul outil**

- Identifier les risques de projet.

- Décrire risque.

- Définir source risque.

- Saisir date identification risque.

- Définir catégorie risque.

- Saisir type risque.

- Saisir impact.

- Saisir probabilité.

- Saisir délai.

- L'analyse et le calcul du coefficient d'exposition.

- Evaluer coefficient d'exposition.

- Mitiger les risques.

- Elaborer plan et stratégie de capture de risque.

- Implémenter le plan de résolution.

- Faire le suivi des risques par la consultation, la modification ou bien la suppression.

- Consulter le Top ten risque.

⇒ **Gérer les plans d'actions**

- Consulter plan d'action.

- Saisir nom et description de nouvelles actions projet.

- Saisir les priorités des actions.

- Saisir nom responsable action.

- Saisir date limite action.

- Saisir type action.

- Mise à jour des actions dans les plans d'action.

⇒ **Project Initiation Form and kickoff:**

- Saisir la fiche de lancement de nouveau projet

- Identifier risques préliminaires et paramètres projet.

- Affecter l'équipe projet.

- Saisir les éléments d'entrés et les périodicités.

- Saisir les observations la décision de lancement.

- Envoyer fiche lancement.

- Validation et attribution de code par le responsable qualité dans le cadre d'un workflow.

- Extraction des données du projet dans la table projet fini une fois le projet approuvé et il y a eu intégration dans la liste des projets en cours.

- Consulter fiche lancement.

Notre projet doit permettre, en plus, un rappel des actions et des risques qui ont un statut open propre à chaque employé dans un tableau accessible à travers les modules de gestion de projet.

b. Identification des besoins non fonctionnels

- Permettre l'exportation des données projets vers l'outil EXCEL.

- Le système doit être ergonomique.

- Le système doit être configurable pour qu'il puisse suivre l'évolution du système d'information de l'entreprise.

- Le système doit être sécurisé.

- Le système doit s'intégrer avec les autres systèmes mis en place en exploitant les informations que fournissent et contribuer à la centralisation de l'information de l'entreprise.

- Garder un historique de chaque action faite ce qui permettra une meilleure gestion et sécurisation des données.

2.3.3. Diagramme de cas d'utilisation général

La figure 2.5 représente les différents cas d'utilisations regroupés par module de gestion. Nous allons procéder dans ce qui suit par une analyse des cas d'utilisation par modules de gestion qui sont de l'ordre de trois : la gestion de risque qui représente le bloc A, la gestion de plan d'action qui est représenté dans le bloc B et enfin la gestion de lancement de projet qui est représenté dans le bloc C.

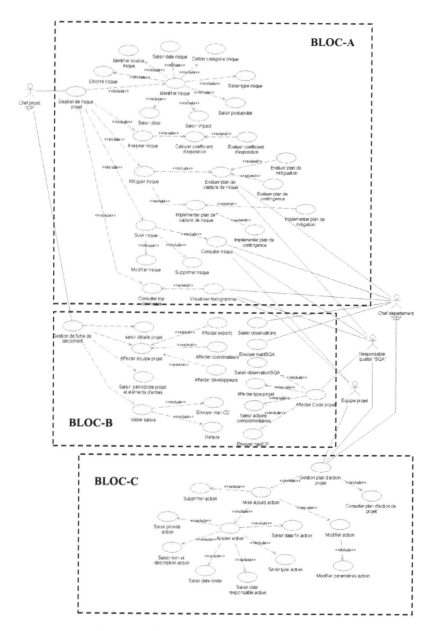

Figure 2.5 - Diagramme de cas d'utilisation général -

En plus de montrer l'ensemble des acteurs utilisant l'application, l'utilité majeure de ce type de diagramme réside dans le fait qu'il montre aussi, le nombre d'instances d'acteurs de chaque type qui peuvent se connecter simultanément à l'application Web.

Les cas d'utilisations que nous allons détailler dans chaque module vont représenter les cas prioritaires que nous analyserons dans le chapitre suivant.

- ### Bloc A « Module de gestion de risque »

    Nous allons présenter dans ce qui suit les différents cas d'utilisations qui concernent la gestion des risques et leurs acteurs avec une description détaillée de chaque cas.

$\Rightarrow$ **Identifier risque**

Cette opération est réalisée chaque fois qu'un nouveau risque se manifeste avant ou en cours d'élaboration du projet.

A cet instant, le chef projet doit le définir par une description qui résume l'idée du risque, saisir le nom de la personne qui la identifiée ainsi que la date et indique un statut 'ouvert' pour le risque en cours.

$\Rightarrow$ **Analyser risque**

Après une identification du risque, le chef projet saisie les paramètres en relation avec ce risque. En premier lieu, la probabilité du risque qui varie de 0 à 100% qui représente une estimation sur le degré de la manifestation du risque .En second lieu, l'impact qui est de l'ordre de 5 (pas d'impact, impact négligeable, impact mineur, impact modéré, impact sérieux, impact critique) qui représente le taux d'impact sur la progression du projet si le risque se produisait. En troisième lieu, le délai qui montre si le risque est jugé à long ou à court terme et le type qui est soit interne soit externe. Enfin, la catégorie du risque. Tous ces paramètres ont été bien expliqués dans le chapitre2 qui concerne l'étude de l'existant.

Enfin de cette analyse un coefficient d'exposition est alors généré suivant la formule qui suit en fonction de l'impact, la probabilité et le délai. En se référant à ce coefficient, le chef de projet décidera alors du plan de résolution du risque et fixera les actions qu'il va adopter.

$\Rightarrow$ **Mitiger risque**

Dans cette étape le chef projet va décider des solutions à prendre pour atténuer le risque. Ces actions vont être intégrées dans le plan d'action comme étant des tâches projet. Si le coefficient d'exposition est compris entre 1 et 6, un plan de mitigation est alors élaboré, sinon c'est un plan de contingence.

Le chef département et le chef projet peuvent intervenir pour la résolution de risques persistant qui ont un coefficient d'exposition élevé et ceci afin d'accélérer l'avancement du projet.

⇒ **Suivi risque**

Le chef de projet consulte le suivi des risques projets en cours et aussi celle qui sont résolus et ceci l'aidera dans la résolution d'autres risques similaires pour d'autres projets.

Au cours de la consultation le chef projet peut soit modifier les paramètres d'un risque existant, soit le supprimer ou bien faire un simple suivi.

Le chef département, Le responsable qualité et les membres de l'équipe projet sont tenus de connaître tous les risques qui se sont manifestés dans tous les projets.

⇒ **Consulter top ten risque**

Le chef de projet peut consulter les risques les plus fréquemment rencontrés au cours du projet et ceci à partir d'une liste générée automatiquement chaque six mois.

Comme le chef projet, le chef département, Le responsable qualité et L'équipe projet peuvent consulter le top ten risque quant ils le souhaitent.

- **Bloc B « Module de gestion de lancement projet »**

Dans cette partie nous allons présenter les différents cas d'utilisations qui concernent la gestion de lancement d'un projet et leurs acteurs avec une description détaillée de chaque cas.

⇒ **Saisir détails projet**

Cette opération est réalisée chaque fois qu'il y a lancement d'un nouveau projet, le chef projet devra alors saisir les paramètres projet qui contiennent la description du projet, son coût, le délai de réalisation, le nom du client etc.

Cette fiche devra alors suivre un workflow avant que le projet soit opérationnel.

⇒ **Affectation équipe projet**

Au cours de cette étape, le chef de projet doit désigner, parmi son équipe, les coordinateurs, les experts et les développeurs.

⇒ **Saisir périodicité et éléments d'entrés**

Après avoir saisi les paramètres du nouveau projet et affecté l'équipe projet, le chef de projet procède au saisi des périodicités des réunions d'avancement, de projet et des indicateurs qualité. Ensuite il rempli les titres, références, édition des éléments d'entrés du projet (Devis, Cahier de charge, Planning etc.).

⇒ **Saisir observations**

Dans le cadre du lancement d'un nouveau projet, la fiche de lancement, remplie par le chef projet, doit être envoyé au chef département pour qu'il y saisie ses observations et c'est sur ses dernières que le responsable qualité va en tenir compte pour décider du lancement du projet et ainsi lui affecter un code interne.

Le chef département doit répondre aux questions concernant la faisabilité du projet, saisir la date de son observation et enfin valider son choix.

⇒ **Affectation du code projet**

Après approbation du chef département, le responsable qualité saisi a son tour ses observations et commentaires, défini le type du projet, affecte un code interne projet et enfin saisi la date de valide son choix. Ainsi un mail sera envoyé au chef projet contenant le code interne du projet dans le cas où la permission de lancement est accordée. Dans le cas contraire, il y aura rejet du projet et une revisualisation des points défaillants du projet.

• Bloc C « Module de gestion de plan d'action»

Dans cette étape nous allons présenter les différents cas d'utilisations qui concernent la gestion des plans d'action et leurs acteurs avec une description détaillée de chaque cas.

⇒ **Saisir nouvelle action**

Le chef projet est tenu de saisir de nouvelles actions concernant un ou plusieurs projets en cours tout en ayant accès pour la consultation de tous les plans d'action du projet .Parmi les actions que le chef projet est tenu de saisir est celles qui concernent la résolution des risques rencontrés, et elles peuvent appartenir soit à un plan de mitigation soit à un plan de contingence.

De même le chef département, le responsable qualité et l'équipe projet peuvent saisir de nouvelle action dans le plan d'action.

⇒ **Consulter mise à jour plan d'action**

Tous les acteurs de celle application peuvent consulter les mises à jours des plans d'action et éventuellement celles des risques rencontrés.

Tous les cas d'utilisation déjà cité sont résumés dans le tableau 2.7 ci-dessous avec leurs priorités ainsi que les itérations que nous allons adopter.

Tableau 2.7 - Tableau des cas d'utilisations -

Acteurs	Cas d'utilisations(1)	Cas d'utilisations(2)	Cas d'utilisations(3)	Cas d'utilisations(4)	Priorités	Itérations
Chef de projet	Gestion de risque	Identifier risque	Décrire risque		10	3
			Décrire source risque		11	3
			Saisir date risque		12	3
			Définir catégorie risque		13	3
			Saisir type risque		14	3
			Saisir probabilité		15	3
			Saisir impact		16	3
			Saisir délai		16	3
		Analyser risque	Calculer coefficient d'exposition	Evaluer coefficient d'exposition	18	3
		Mitiger risque	Evaluer plan de capture de risque	Evaluer plan de mitigation	19	3
				Evaluer plan de contingence	20	3
			Implémenter plan risque	Implémenter plan de mitigation	23	3
				Implémenter plan de contingence	24	3
		Suivi risque	Consulter risque		25	3
			Modifier risque		26	3
			Supprimer risque		27	3
		Consulter top ten risque			28	3
	Gestion fiche de lancement	Saisir fiche lancement projet	Identifier risques préliminaires	Saisir risques préliminaires	4	2
			Saisir paramètres projet	Saisir éléments d'entrés	5	2
				Saisir autres paramètres	6	2
			Envoyer fiche lancement		7	2
	Gestion plan d'action	Consulter plan d'action			53	4
		Mise à jours action	Ajouter action	Saisir priorité action	35	4
				Saisir nom et description action	36	4
				Saisir date limite	37	4
				Saisir nom responsable action	38	4
				Saisir type action	39	4
				Saisir date fin action action	40	4
			Modifier action	Modifier paramètres action	56	4
			Supprimer action		57	4
Cher département	Gestion de risque	Evaluer plan de capture de risque			21	3
		Consulter risque			29	3
		Consulter top ten risque			30	3
	Gestion fiche de lancement	Saisir observations			8	2
	Gestion plan d'action	Consulter plan d'action			37	3
Responsable qualité	Gestion de risque	Evaluer plan de capture de risque			22	3
		Consulter risque			31	3
		Consulter top ten risque			32	3
	Gestion fiche de lancement	Affectation code projet			9	2
	Gestion plan d'action	Consulter plan d'action			54	4
		Mise à jours action	Ajouter action	Saisir priorité action	41	4
				Saisir nom et description action	42	4
				Saisir date limite	43	4
				Saisir nom responsable action	44	4
				Saisir type action	45	4
				Saisir date fin action action	46	4
			Modifier action	Modifier paramètres action	58	4
			Supprimer action		59	4
Equipe projet	Gestion de risque	Consulter risque			33	3
		Consulter top ten risque			34	3
	Gestion plan d'action	Consulter plan d'action			55	4
		Mise à jours action	Ajouter action	Saisir priorité action	47	4
				Saisir nom et description action	48	4
				Saisir date limite	49	4
				Saisir nom responsable action	50	4
				Saisir type action	51	4
				Saisir date fin action action	52	4
			Modifier action	Modifier paramètres action	60	4
			Supprimer action		61	4
Administrateur	Gestion des utilisateurs	Ajouter utilisateur			1	1
		Modifier utilisateur			2	1
		Supprimer utilisateur			3	1

2.3.4. Priorité des cas d'utilisation

Afin de faciliter notre travail, il nous semble judicieux de répartir les cas d'utilisation initiaux en des cas prioritaires et autres secondaires afin de faciliter notre travail et constituer nos itérations. Nous avons réduit le nombre de nos itérations à quatre se référant chacune à un modules de gestion à implémenter. Nous allons commencer par la *gestion des utilisateurs* pour assurer la sécurité lors de l'accès à notre application. Ensuite la *gestion de lancement de projet* pour la création de ce dernier, puis la *gestion des risques* et enfin la *gestion des plans d'action*.

En fait, nous considérons les cas d'utilisation « Identifier risque », « Analyser risque», « Mitiger un risque », « Consulter risque » et « Consulter le top ten risque » les plus prioritaires dans la gestion de risque, « La saisie de la fiche de lancement de projet » pour la gestion de lancement de projet et en fin « L'ajout d'une nouvelle action » pour la gestion des plan d'action, et enfin «Ajouter un utilisateur » pour la gestion des utilisateurs. Les autres cas d'utilisation seront secondaires, par conséquent nous n'allons pas s'attarder à les concevoir. Nous avons adopté ce choix dans le but de minimiser le risque de la non maîtrise du langage de programmation et afin d'être conforme, à la chronologie de la gestion de projet cité auparavant. En effet, ces cas d'utilisation sont assez simples à concevoir et à analyser, ce qui nous aidera à découvrir le langage de programmation petit à petit.

La figure 2.6 résume tout ce que nous venons de dire à propos des modules de notre application, elle donne une projection sur la future application à implémenter et sa situation par rapport à la plateforme du système existant.

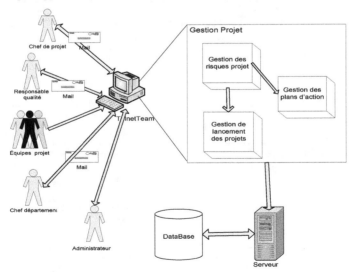

Figure 2.6 - Architecture de l'application -

2.4. Conclusion

Dans ce chapitre nous avons présenté une vue globale de notre application en illustrant les modules qui vont êtres traités. Dans le chapitre suivant, nous entamerons l'analyse des cas d'utilisation que nous avons jugés les plus prioritaires à savoir cinq cas du module de la gestion de risque (Identifier risque, Analyser risque, Mitiger un risque, Consulter risque , Consulter le top ten risque), un de la gestion de plan d'action (Ajout une nouvelle action) et un de la gestion du lancement projet (Saisir la fiche de lancement de projet), nous enchaînerons par la conception de ces cas d'utilisation et enfin l'implémentation et la réalisation des tests respectifs.

Chapitre 3

Conception

3.1. Introduction

Ayant compris le contexte de notre système lors du chapitre précédent, l'objectif maintenant est d'approfondir notre analyse. En effet, nous sommes appelés en premier lieu au cours de cette phase de conception à analyser les cas d'utilisation dans la section 3.2, et par la suite élaborer une conception de ces cas dans la section 3.3. Lors de notre conception, nous nous sommes inspirées du processus unifié comme méthodologie avec l'ensemble de ses phases et activités, adoptant ainsi le langage UML.

3.2. Analyse des cas d'utilisation prioritaires

Après avoir détaillé les cas que nous allons traiter, nous procédons par une analyse par module de gestion, pour chaque cas, nous commencerons par présenter la traçabilité entre le modèle de cas d'utilisation et le modèle d'analyse qui est représenté par les figures 3.*(a), ensuite nous présentons le diagramme de classe du modèle d'analyse qui sera illustré à travers les figures 3.*(b) et enfin le diagramme de collaboration du modèle d'analyse par les figures 3.* (c) de ces cas.

3.2.1. Analyse des cas d'utilisation de la gestion des risques

Nous allons dans ce qui suit analyser les cinq cas d'utilisations les plus prioritaires dans le module de la gestion de risque.

3.2.1.1. Analyse du cas d'utilisation « Identifier risque »

Modèle de cas d'utilisation   Modèle d'analyse

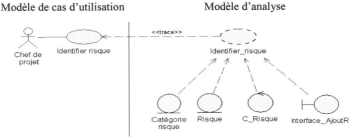

Figure 3.1 (a) - Traçabilité entre modèle de CU et modèle d'analyse pour le cas « Identifier risque » -

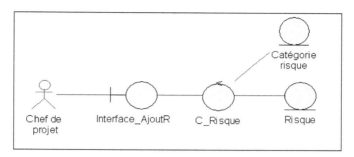

Figure 3.1 (b) - Diagramme de classe du modèle d'analyse du CU « Identifier risque »-

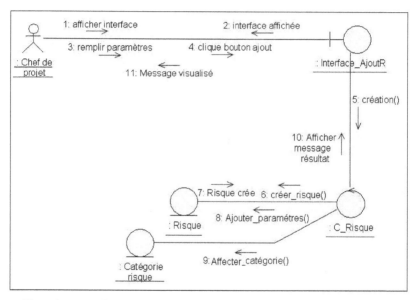

Figure 3.1 (c) - Diagramme de collaboration du modèle d'analyse pour le CU

« Identifier risque » -

Lors de la manifestation d'un nouveau risque dans un projet, le chef projet s'assure qu'il n'a pas été rencontré avant dans un même projet, dans ce cas, il procède à la création d'un nouveau risque en accédant à l'interface de l'ajout d'un risque, remplit tous les paramètres nécessaires et termine par lui affecter une catégorie. Un message est alors visualisé sur son terminal pour lui indiquer la réussite ou non de l'opération.

3.2.1.2. Analyse du cas d'utilisation « Analyser risque »

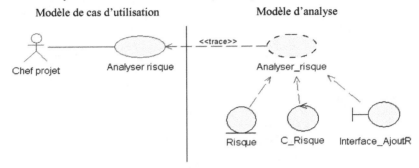

Figure 3.2 (a) - Traçabilité entre modèle de CU et modèle d'analyse pour le CU
« Analyser risque » -

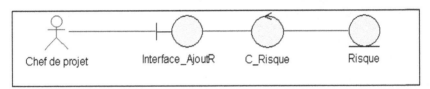

Figure 3.2 (b) - Diagramme de classe du modèle d'analyse du CU « Analyser
risque » -

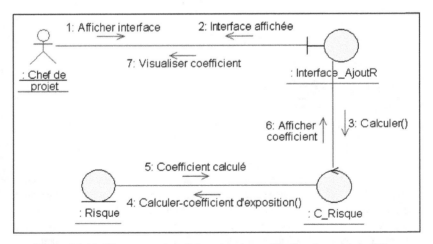

Figure 3.2 (c) -Diagramme de collaboration du modèle d'analyse pour le CU
« Analyser risque » -

Après avoir saisi les paramètres du risque identifié, un coefficient d'exposition est alors calculé, en se référent à la formule 2.1 déjà présentée dans le chapitre précédent. Ce coefficient est alors intégré dans la base des risques du projet qui sera déterminant pour la résolution et le choix du plan de mitigation.

3.2.1.3. Analyse du cas d'utilisation « Mitiger risque »

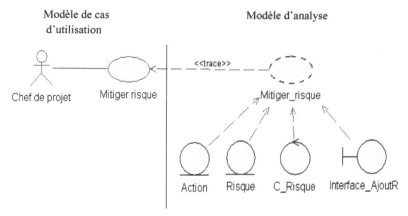

Figure 3.3 (a) - Traçabilité entre modèle de CU et modèle d'analyse pour le cas «Mitiger risque» -

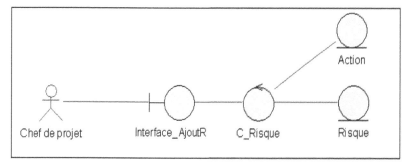

Figure 3.3 (b) - Diagramme de classe du modèle d'analyse du CU « Mitiger risque »-

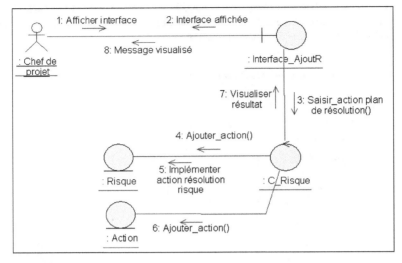

Figure 3.3 (c) -Diagramme de collaboration du modèle d'analyse pour le CU«
Mitiger risque » -

Le chef de projet est tenu, après calcul du coefficient d'exposition, de saisir soit
des actions appartenant à un plan de mitigation, si le coefficient est compris entre 1 et
6, soit des actions s'intégrant au plan de contingence, si ce dernier est supérieur à 6.
Rappelons aussi que cette référence est propre à la société TELNET pour
l'évaluation de leur coefficient d'exposition.

Le chef projet affiche l'interface d'ajout, l'espace réservé au plan de résolution
est libéré selon la valeur du coefficient, il saisit les actions nécessaires à la capture du
risque et ces dernières sont alors ajoutées dans la table risque.

Les actions de résolution étant saisies, le chef projet consulte le responsable
qualité et le chef département sur celles qui vont êtres implémenter pour la capture
du risque, et après implémentation, elles sont ajoutées dans la table action comme
étant une action projet.

3.2.1.4. Analyse du cas d'utilisation « Consulter risque »

Dans ce qui suit nous allons traiter les trois cas possible pour une consultation à
savoir le 1er scénario qui est le suivi du risque, le 2ème qui est la modification et le
dernier qui est la suppression du risque.

❖ **Scénario1 : Suivi Risque**

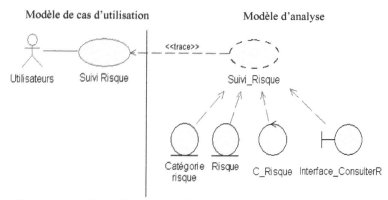

Figure 3.4 (a) – Traçabilité entre modèle de CU et modèle d'analyse pour le cas
« Suivi risque » -

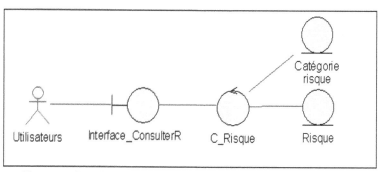

Figure 3.4 (b)- Diagramme de classe du modèle d'analyse pour le CU
« Suivi risque » -

Tous les acteurs de notre application peuvent consulter les risques du projet. Ces derniers affichent l'interface de la consultation, sélectionnent le nom du projet de la catégorie pour lister les risques qui se réfèrent à eux. Le résultat retourné est visualisé sur l'interface de la consultation.

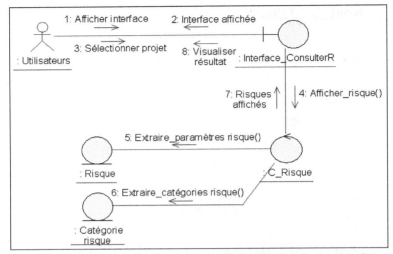

Figure 3.4 (c)- Diagramme de collaboration du modèle d'analyse pour le CU
« Suivi risque » -

❖ **Scénario2 : Modifier Risque**

Modèle de cas d'utilisation   Modèle d'analyse

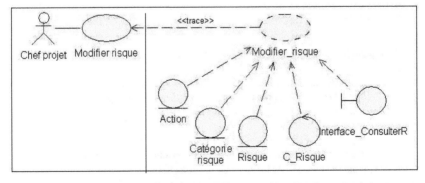

Figure 3.5 (a)- Traçabilité entre modèle de CU et modèle d'analyse pour le cas
«Modifier risque» -

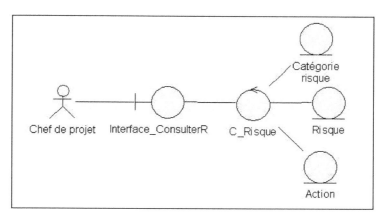

Figure 3.5 (b)- Diagramme de classe du modèle d'analyse pour le CU « Modifier risque»-

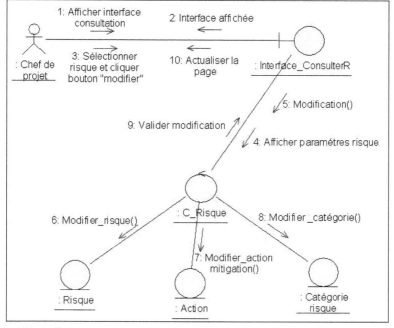

Figure 3.5 (c)-Diagramme de collaboration du modèle d'analyse pour le CU «Modifier risque » -

Pour que le chef du projet puisse modifier des informations auparavant saisies, il doit visualiser son interface «Consulter risque». Ensuite, il sélectionne le nom du projet dont veut modifier les risques et tous ceux qui sont en relation avec ce projet sont alors affichés.

Le chef du projet doit alors sélectionner le risque qu'il souhaite modifier, procède aux changements adéquats et clique par la suite sur le bouton « Modifier», à cet instant un message lui indiquant le bon accomplissement ou non de son opération lui sera affiché.

❖ **Scénario3 : Supprimer Risque**

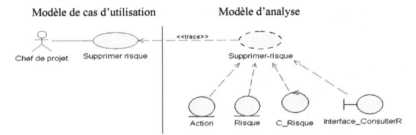

Figure 3.6 (a)- Traçabilité entre modèle de CU et modèle d'analyse pour le cas «Supprimer risque »-

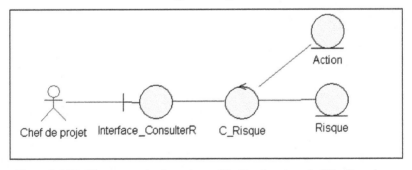

Figure 3.6 (b) -Diagramme de classe du modèle d'analyse pour le CU « Supprimer risquer »-

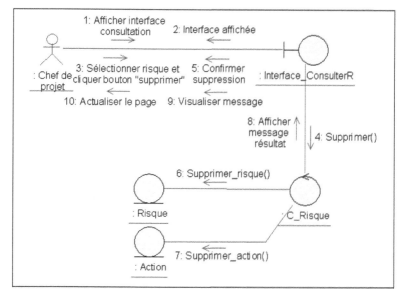

Figure 3.6 (c) - Diagramme de collaboration du modèle d'analyse pour le CU
«Supprimer risque »-

Lorsque le chef de projet veut supprimer un risque du projet, il sélectionne ce dernier et clique sur le bouton « supprime », une boite de dialogue est alors affichée pour confirmer son choix de suppression. Un message est visualisé par la suite sur son poste pour l'informer du bon accomplissement ou non de son opération.

3.2.1.5. Analyse du cas d'utilisation « Consulter top ten risque »

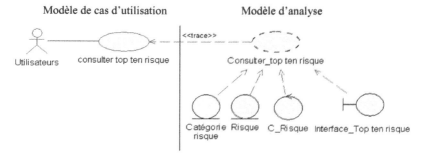

Figure 3.7 (a) - Traçabilité entre modèle de CU et modèle d'analyse pour le CU
«Consulter top ten risque»-

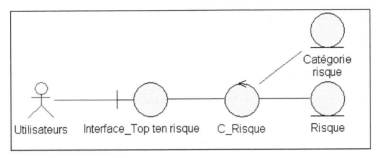

Figure 3.7 (b) -Diagramme de classe du modèle d'analyse pour le CU
« Consulter Top ten risque »-

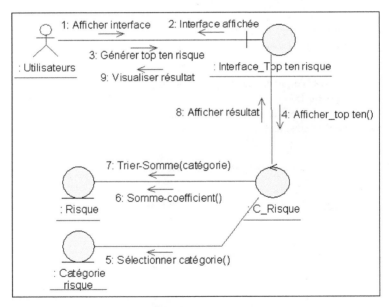

Figure 3.7 (c) -Diagramme de collaboration du modèle d'analyse du CU
« Consulter Top ten risque » -

Tous les utilisateurs de notre système peuvent consulter le top ten risque qui est un
classement des risques les plus rencontrés dans les projets traités, c'est un classement

décroissant de la somme des coefficients d'exposition par chaque catégorie présenté sous forme d'histogramme et aussi des dix risques qui présente le plus grand coefficient d'exposition. Pour y accéder, il faut afficher l'interface des « top ten risque », à cet instant un histogramme est alors généré contenant les catégories de risque les plus importants ainsi qu'une liste contenant les dix risques qui présentent le plus grand coefficient d'exposition, le résultat est visualisé sur le poste de l'utilisateur et il est sous forme d'un histogramme et d'un 'DataGrid'.

3.2.2. Analyse des cas d'utilisation de la gestion de lancement des projets

Nous allons analyser le cas d'utilisation de la saisie de la fiche de lancement projet.

Modèle de cas d'utilisation   Modèle d'analyse

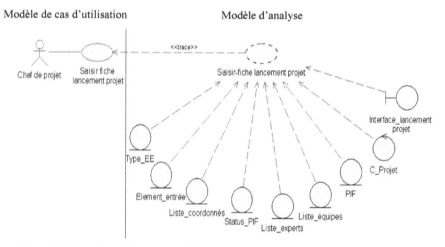

Figure 3.8 (a) - Traçabilité entre modèle de CU et modèle d'analyse pour le CU «Saisir fiche de lancement»-

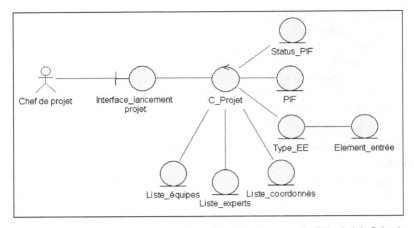

Figure 3.8 (b) -Diagramme de classe du modèle d'analyse pour le CU « Saisir fiche de lancement »-

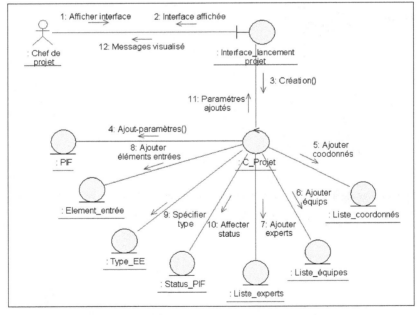

Figure 3.8 (c) -Diagramme de collaboration du modèle d'analyse pour le CU « Saisir fiche de lancement »-

Dés le lancement d'un nouveau projet, le chef de projet affiche l'interface de la fiche de lancement et procède en premier lieu à la saisie des paramètres concernant les détails du projet, en deuxième lieu, il affecte les nom de l'équipe, des coordinateurs et des experts, saisit ensuite les périodicités des réunions et les éléments d'entrés et enfin valide tous ces paramètres en indiquant son statut et le nom du chef de département à qui il fera circuler ces informations pour que ce dernier valide à son tour et continue le processus de lancement du projet.

Une fois tous les paramètres saisis, il doit attendre la validation du chef département puis qu'on l'affectation d'un code au projet par le responsable qualité pour qu'il soit opérationnel.

3.2.3. Analyse des cas d'utilisation de la gestion de plan d'action

Nous allons analyser le cas d'utilisation de la saisie d'une nouvelle action dans le plan d'action du projet.

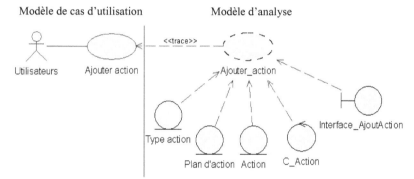

Figure 3.9 (a) - Traçabilité entre modèle de CU et modèle d'analyse pour le cas «Ajouter action»-

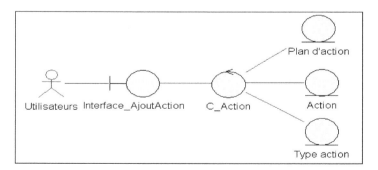

Figure 3.9 (b) -Diagramme de classe du modèle d'analyse pour le CU « Ajouter action»-

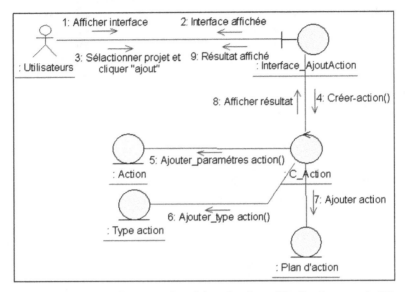

Figure 3.9 (c) -Diagramme de collaboration du modèle d'analyse pour le CU
« Ajouter action »-

Pour ajouter une nouvelle action projet, un utilisateur doit afficher l'interface de l'ajout d'une action, saisir les paramètres de l'action dans le formulaire qui sera affiché puis clique sur le bouton « Ajouter », à cet instant le résultat sera affiché sur l'écran à travers une DataGrid.

3.3. Conception des cas d'utilisation prioritaires

Dans ce qui suit, nous allons concevoir les cas d'utilisations prioritaires déjà analysés, nous commençons par une traçabilité entre le modèle d'analyse et le modèle de conception qui est représenté par les figures 3.*(a), ensuite un diagramme de classe du modèle de conception qui sera illustré à travers les figures 3.*(b) et enfin le diagramme de séquence par les figures 3.* (c) pour chaque cas.

3.3.1. Conception du cas d'utilisation « Identifier risque »

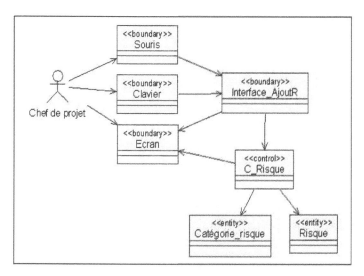

Figure 3.10 (a) -Traçabilité entre modèle d'analyse et modèle de conception pour le CU
« Identifier risque » -

Figure 3.10 (b)- Diagramme de classe du modèle de conception pour le CU
« Identifier Risque » -

Le scénario présent dans la figure 3.10 (c) traduit ce qui a été détaillé dans les diagrammes précédents pour le cas d'utilisation « identifier risque » où le chef de projet détecte un risque, saisit ses paramètres dans l'interface appropriée et enfin il valide ses choix.

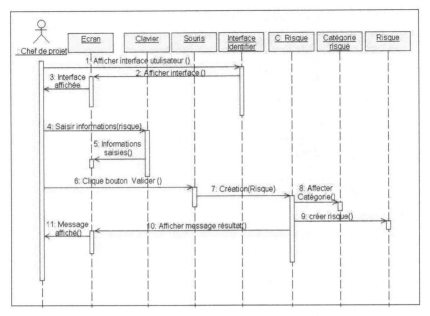

Figure 3.10 (c)- Diagramme de séquence du modèle de conception pour le **CU**
« Identifier Risque»-

3.3.2. Conception du cas d'utilisation « Analyser risque »

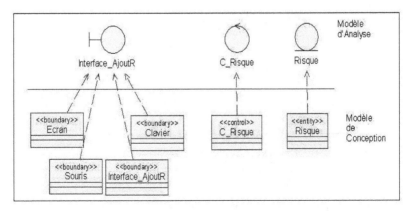

Figure 3.11 (a)-Traçabilité entre modèle d'analyse et modèle de conception pour le CU
«Analyser risque »-

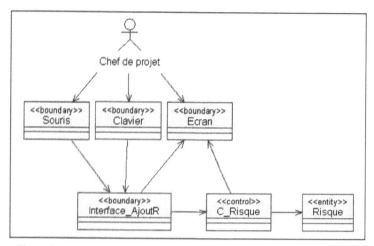

Figure 3.11 (b)- Diagramme de classe du modèle de conception pour le CU
« Analyser Risque »-

La figure ci-dessous décrit le scénario du cas d'utilisation « analyser risque ». Le
chef de projet affiche son interface, saisit l'impact, le délais et la probabilité puis
clique sur le bouton calculer, à cet instant un coefficient d'exposition est généré.

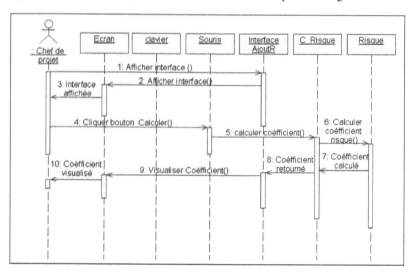

Figure 3.11 (c) - Diagramme de séquence du modèle de conception pour le CU
« Analyser Risque»-

3.3.3. Conception du cas d'utilisation « Mitiger risque »

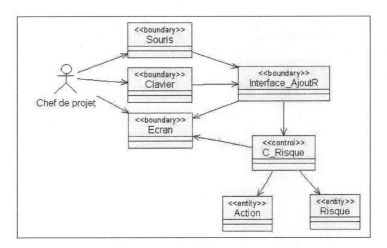

Figure 3.12 (a)-Traçabilité entre modèle d'analyse et modèle de conception pour le CU
«Mitiger risque »-

Figure 3.12 (b) - Diagramme de classe du modèle de conception pour le CU
«Mitiger Risque »-

La figure 3.12 (c) illustre le scénario du cas d'utilisation « mitiger du risque ».
Lorsque le coefficient est calculé, un plan de résolution est alors conçu puis
implémenté selon qu'il soit supérieur ou inférieur à 6. Ce plan comprend des actions
pour la capture de risque.

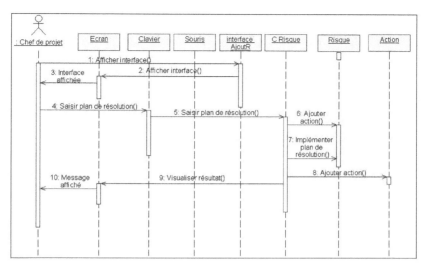

Figure 3.12 (c) - Diagramme de séquence du modèle de conception pour le CU
«Mitiger Risque»

3.3.4. Conception du cas d'utilisation « Consulter risque »

Le cas d'utilisation suivant est divisé sur trois parties et c'est dans ce contexte que nous allons définir trois scénarii.

❖ **Scénario 1 : Suivi Risque**

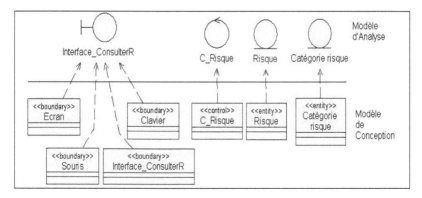

Figure 3.13 (a) - Traçabilité entre modèle d'analyse et modèle de conception pour le CU
«Suivi risque »-

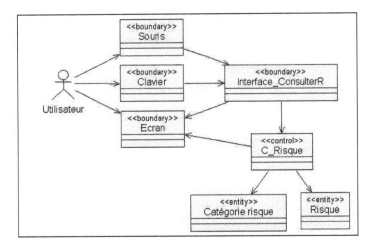

Figure 3.13 (b)- Diagramme de classe du modèle de conception pour le **CU** «Suivi Risque »-

La figure 3.13 (c) montre les étapes de la consultation du suivi d'un risque où un utilisateur, qui peut être soit un membre de l'équipe, un chef projet, un chef département ou un responsable qualité, affiche l'interface de la consultation et sélectionne le risque en question et tous ces paramètres seront alors affichés pour lecteur seule.

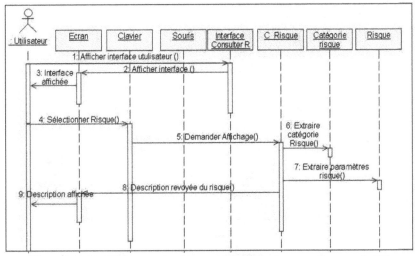

Figure 3.13 (c)- Diagramme de séquence du modèle de conception pour le CU «Suivi Risque»-

❖ Scénario 2 : Modifier risque

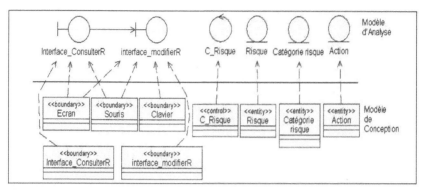

Figure 3.14 (a) -Traçabilité entre modèle d'analyse et modèle de conception pour le CU «Modifier risque »-

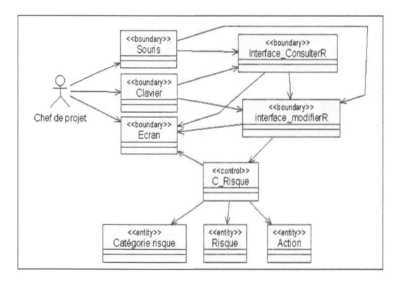

Figure 3. 14 (b) - Diagramme de classe du modèle de conception pour le CU «Modifier Risque ». -

La figure 3.14 (c) décrit le scénario de la modification d'un risque. Le chef projet affiche l'interface de consultation de risque, sélectionne le risque en question et clique sur le bouton modifier puis saisit les paramètres à modifier et enfin confirme son choix.

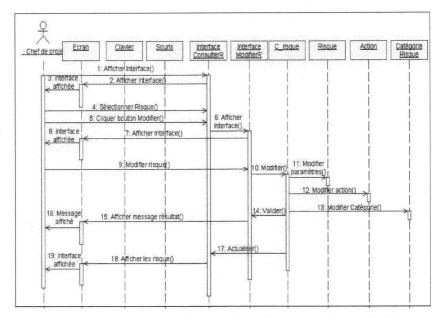

Figure 3.14 (c) - Diagramme de séquence du modèle de conception pour le CU
«Modifier Risque»-

❖ **Scénario 3 : Supprimer Risque**

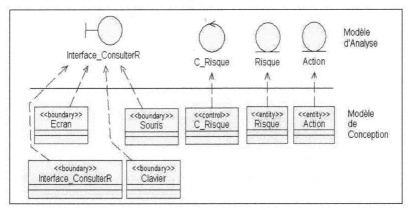

Figure 3.15 (a)-Traçabilité entre modèle d'analyse et modèle de conception pour le CU
«Supprimer risque »-

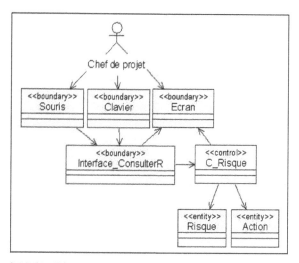

Figure 3.15 (b) - Diagramme de classe du modèle de conception pour le CU
«Supprimer Risque » -

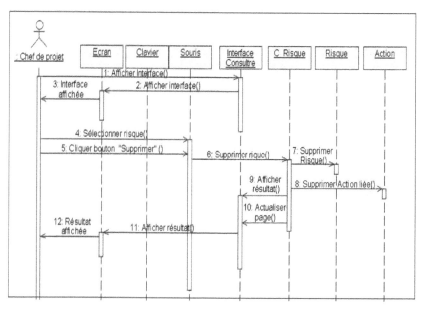

Figure 3.15 (c)- Diagramme de séquence du modèle de conception pour le CU
«Supprimer Risque»-

3.3.5. Conception du cas d'utilisation « Consulter top ten risque »

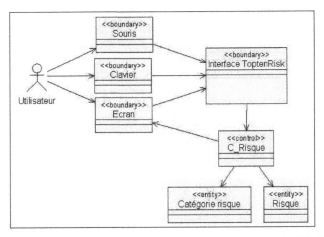

Figure 3.16 (a) -Traçabilité entre modèle d'analyse et modèle de conception pour le CU
«Consulter top ten risque »-

Figure 3.16 (b) - Diagramme de classe du modèle de conception pour le CU «Consulter
top ten Risque »-

La figure 3.16 (c) montre les étapes de la consultation du top ten risque où un utilisateur, affiche l'interface de la consultation du top ten risque et sélectionne le bouton « générer top ten risque », un classement sera alors affiché qui montre les dix risques les plus rencontrés classés coefficient d'exposition ainsi que les catégories du risque avec la somme des coefficients d'exposition pour chaque catégorie.

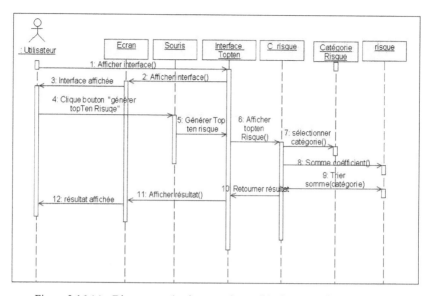

Figure 3.16 (c) - Diagramme de séquence du modèle de conception pour le CU
«Consulter top ten Risque»-

3.3.6. Conception du cas d'utilisation « Saisie fiche de lancement »

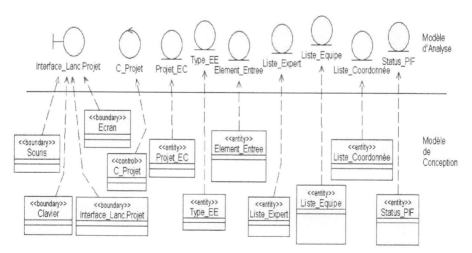

Figure 3.17 (a) -Traçabilité entre modèle d'analyse et modèle de conception
pour le CU «Saisie fiche de lancement » -

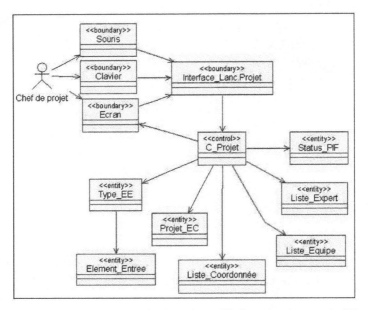

Figure 3.17 (b) - Diagramme de classe du modèle de conception pour le CU
«Saisie fiche de lancement »-

La figure 3.17 (c) illustre les premières étapes par lesquelles passe la fiche de lancement projet où le chef projet saisie les paramètres de ce dernier dans l'interface de lancement de projet et clique sur le bouton envoyer vers chef département .Il peut aussi afficher l'interface de la consultation et sélectionne le projet en question et tous ces paramètres seront alors affichés et l'état du document est changé de « En cours » vers « Valide » ou « Invalide ».

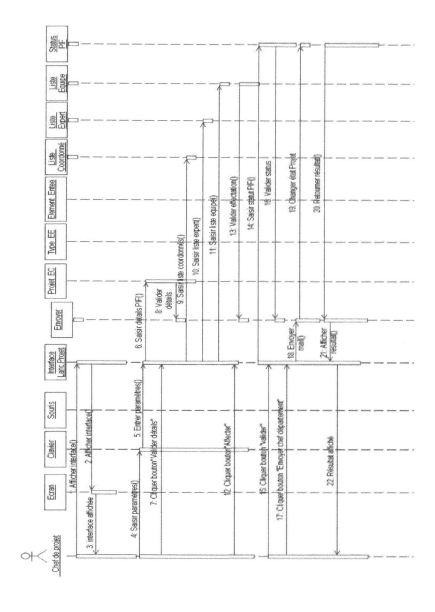

Figure 3.17 (c)- Diagramme de séquence du modèle de conception pour le CU
«Saisie fiche de lancement » -

3.3.7. Conception du cas d'utilisation « Ajouter Action »

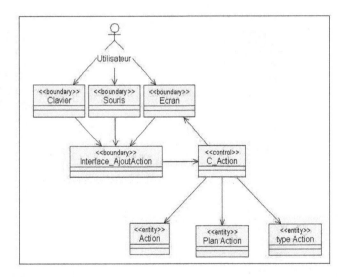

Figure 3.18 (a) -Traçabilité entre modèle d'analyse et modèle de conception pour le CU
«Ajouter Action » -

Figure 3.18 (b) - Diagramme de classe du modèle de conception pour le CU
«Ajouter Action »-

La figure 3.18 (c) montre les étapes de l'ajout d'une nouvelle action projet où un utilisateur affiche l'interface de l'ajout, saisit les paramètres et confirme son choix en cliquant sur le bouton « ajouter », le résultat sera alors affiché sur l'écran.

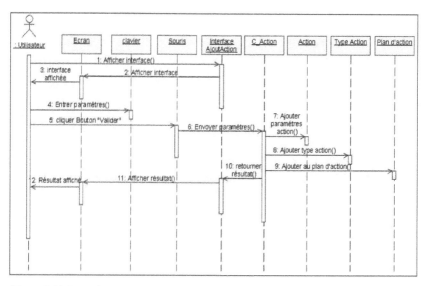

Figure 3.18 (c) - Diagramme de séquence du modèle de conception pour le CU «Ajouter Action » -

3.3.8. Conception du cas d'utilisation « s'identifier »

Pour des raisons de confidentialité, chaque utilisation de l'application doit être précédée par une éventuelle authentification comme le montre le diagramme suivant :

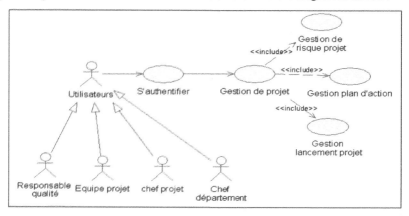

Figure 3.19 - diagramme de cas d'utilisation « s'authentifier » -

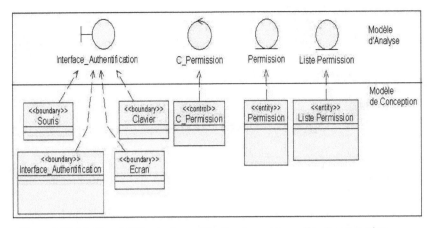

Figure 3.20 (a)- Traçabilité entre le modèle d'analyse et le modèle de conception
pour le CU « s'authentifier »-

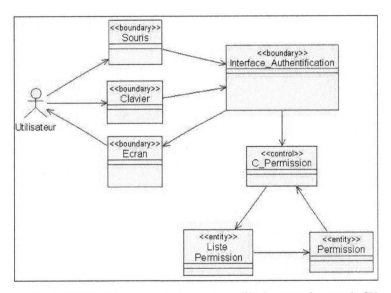

Figure 3.20 (b) -Diagramme de classes du modèle de conception pour le CU
« S'identifier »-

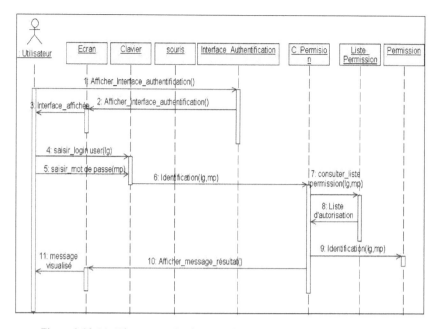

Figure 3.20 (c) -Diagramme de séquence du modèle de conception pour le CU
« S'identifier »-

Pour qu'un utilisateur accède à notre application, il devra avant tout s'authentifier, une interface est alors affichée pour saisir son login et son mot de passe. Ces derniers sont envoyés pour vérification auprès de sa liste de permission, et un message est affiché pour informer l'utilisateur s'il a réussi à se connecter ou bien qu'il n'a pas de permission.

Les utilisateurs ayant la permission d'accéder à l'application sont inscrits dans la table GR_USER qui sera présenté dans la figure 4.1 du chapitre suivant, et c'est seulement l'administrateur qui aura le droit de donner ou de refuser l'accès aux utilisateurs.

Chaque utilisateur ayant accès à l'application aura des droits d'accès différents et ceci suivant sa qualification et son degré hiérarchique.

3.3.9. Conception du cas d'utilisation « Gestion des utilisateurs»

L'administrateur système est tenu d'affecter un droit d'accès à tout utilisateur de l'application et ceci afin de maintenir la sécurité comme le montre le diagramme ci-dessous.

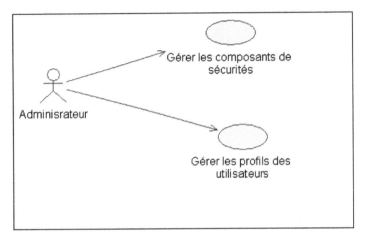

Figure 3.21 -Diagramme de cas d'utilisation de l'administrateur-

Pour distinguer entre les exploitants du système, l'administrateur procède à l'affectation des permissions comme le montre la figure 3.22.

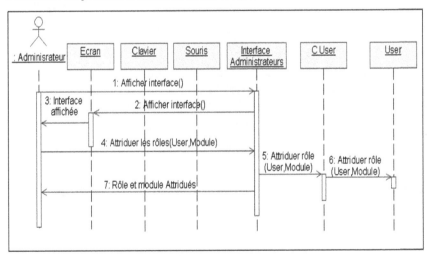

Figure3.22 -Diagramme de séquences « gestion des profils des utilisateurs »-

3.4. Conclusion

Dans cette phase, nous avons terminé de capturer tous les besoins des utilisateurs, analysé tous les cas d'utilisation et conçu la plupart d'entre eux.

Ainsi, grâce à l'activité de conception de cette phase, nous pensons maintenant que l'architecture est suffisamment stable pour qu'elle puisse guider la prochaine et dernière phase qui est la réalisation dans laquelle nous présenterons une vue globale de notre base ainsi que de l'architecture système et nous illustrerons des captures d'écrans des interfaces de notre application à travers des scénarii qui résument le travail accompli dans chaque module de gestion.

Chapitre 4
Implémentation et Réalisation

4.1. Introduction

L'objectif de la phase d'implémentation est d'aboutir à un produit final, exploitable par les utilisateurs. En premier lieu, nous présenterons dans la section 4.2 un schéma de la base de donnée, concernant les trois modules de gestion, qui illustre les interactions entre les différentes tables présentes avec une présentation de l'architecture mise en place pour la construction de notre application, quant à la section 4.3, nous spécifierons les outils, langages et techniques utilisés et nous finirons par présenter les scénarii les plus générales de notre application illustrer par des captures d'écrans .

4.2. Implémentation

Cette phase se décompose en trois grandes parties ; la construction d'un schéma initial de la base de données et l'implémentation des cas d'utilisation.

La première partie est réalisée en deux tâches : la description et la réalisation du diagramme des classes entités dégagées de l'activité de conception des cas d'utilisations prioritaires et un schéma initial de la base de données. La deuxième partie est consacrée aux diagrammes de composants. La troisième partie présente l'architecture 3-tiers mise en place pour notre application.

4.2.1. Construction du schéma de la base de données

Dans cette partie nous allons présenter nos digrammes de classe : le premier présentera le diagramme de classe du module de la gestion de risque et d'action, tandis que dans le deuxième serons regroupé les classes du module de la gestion de lancement projet.

4.2.1.1. Diagramme de classe du modèle de gestion de risque et de gestion de plan d'action

La figure 4.1 représente un diagramme de classe initiale des tables de la base de données présentes dans notre application concernant la gestion de risque projet et celle de la gestion des plans d'action.

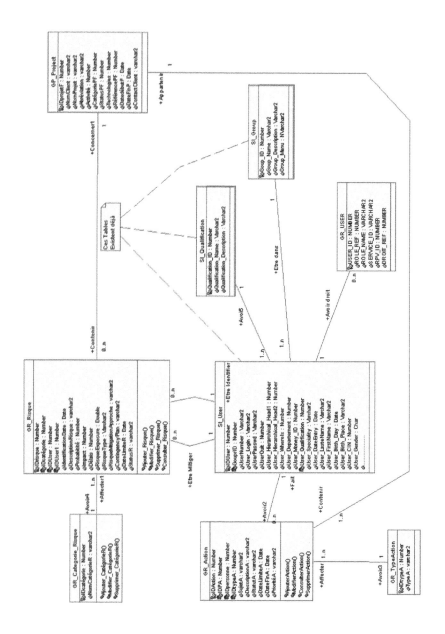

Figure 4.1- Diagramme de classe de la GR et PA –

4.2.1.2. Diagramme de classe du module de lancement projet « PIF »

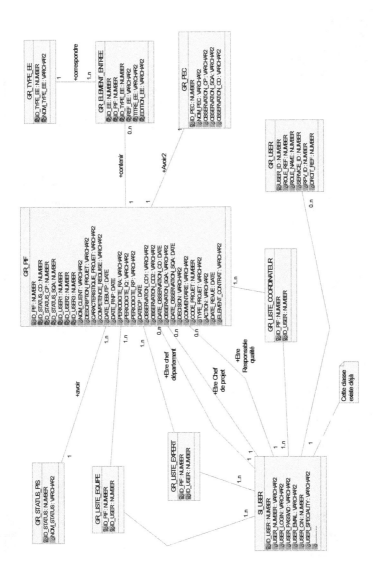

Figure 4.2 - Diagramme de classe de la gestion de lancement de projet-

La figure 4.2 ci-dessus représente un diagramme de classe des tables de la base de données présentes dans notre application concernant la gestion de lancement projet.

4.2.2. Implémentation des cas d'utilisation prioritaires

Dans cette partie nous allons présenter une vue globale sur notre application à partir du diagramme de composants et du modèle de déploiement.

4.2.2.1. Le diagramme de composants des cas d'utilisation

Les dépendances entre composants permettent d'identifier les contraintes de compilation et de mettre en évidence la réutilisation de composants.

Les composants peuvent être organisés en paquetages, qui définissent des sous-systèmes. Les sous-systèmes organisent la vue des composants (de réalisation) d'un système. Ils permettent de gérer la complexité, par encapsulation des détails d'implémentation.

La figure suivante montre le diagramme de composants du module de la gestion de risque projet, la gestion des plans d'action et celle des fiches de lancement de projet :

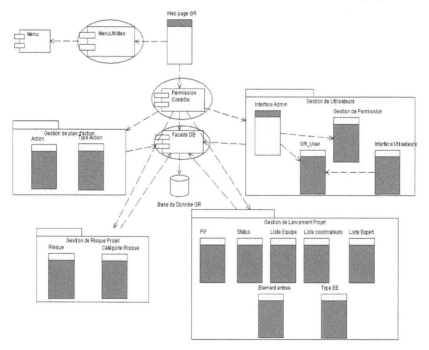

Figure 4.3- Diagramme des composants-

- MenuUtilities : Construction dynamique du menu en fonction de la liste de permission de l'utilisateur.
- FacadeBD : Point d'accès à la base de données.
- PermissionControl : Contrôle l'identité de l'utilisateur et vérifie ses droits d'accès aux interfaces de l'application.

4.2.2.2. Modèle de déploiement

Ce modèle consiste à définir le style de déploiement par la description de l'architecture physique et statique de l'application en termes de modules, fichiers sources, librairies, exécutables, etc. Ce modèle permet aussi de définir les stéréotypes qui seront employés par la suite dans le projet.

Le Pattern architectural de notre application web de gestion des compétences est composé comme suit :

- Le navigateur du chef de projet
- Le navigateur du chef département
- Le navigateur du responsable qualité
- Le navigateur des développeurs
- Le serveur d'application
- Le serveur de données

La figure 4.4 suivante présente le diagramme de déploiement du système en interaction avec des Browser clients du modèle de l'application.

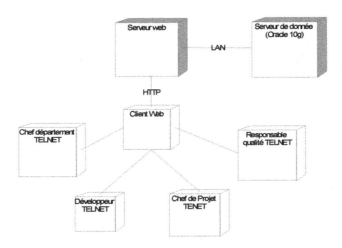

Figure 4.4 - Diagramme de déploiement de l'application -

4.2.3. Architecture mise en place

L'application est organisée en trois couches (physiquement nous parlons de packages): données, métier et présentation.

L'implémentation de chaque module fonctionnel sera réalisée progressivement au fur et à mesure de la construction de chaque couche. Ceci suppose une définition claire de chaque couche et une transparence au niveau de l'échange entre les couches.

▪ Couche présentation : elle contient les pages web (des fichiers .aspx).

▪ Couche applicative (métier) : formée par l'ensemble des classes métiers implémentés par le langage C# (des fichiers .cs).

▪ Couche Données : construite par l'ensemble des classes implémentant la logique d'accès à la base de données.

Nous présentons ci-dessous notre diagramme de composant qui fournit les différents couches en interaction :

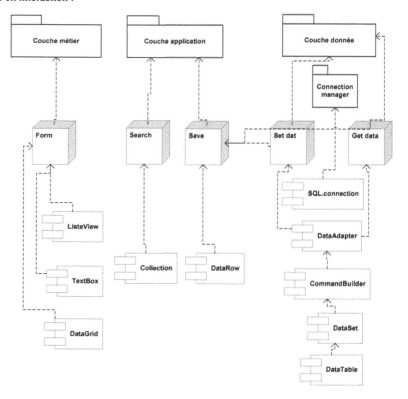

Figure 4.5 -Architecture 3 tiers de l'application-

4.3. Réalisation

Dans cette session nous commencerons par présenter les outils et langages de notre application avec une spécification de la méthodologie adoptée et enfin nous terminerons par décrire les scénarios les plus généraux illustrés par des captures d'écrans de notre application.

4.3.1. Outils et langages utilisés

Nous allons dans ce qui suit présenter les différent outils et langages utilisés pour la réalisation de notre application ainsi que de la plateforme.net et le SGBD.

4.3.1.1. Plateforme Microsoft .NET

La plateforme Microsoft .NET [6] est constituée de Visual Studio .NET et du Framework .NET. Ensemble, ils offrent une solution complète de création, de déploiement et d'exécution des applications, y compris les Services Web.

La plate-forme .NET a introduit un modèle de programmation unifié qui permet aux développeurs d'appréhender de la même façon le développement pour le Web, pour Windows ou encore pour un assistant personnel. Cette démarche de conception commune à tous les types d'applications favorise la productivité.

L'intégration de XML dans la plate-forme rend le support des Services Web et la manipulation de ce type de flux transparents : le simple ajout d'un attribut à un code existant permet de doter celui-ci d'interfaces compatibles ServiceWeb.

Il est important de noter que la complexité des syntaxes XML est cachée au développeur qui se trouve dans un environnement familier, accélérant ainsi les phases de développement.

L'environnement de travail dans l'Entreprise, et que nous avons adopté pour notre application, est Visual Studio .NET 2003 qui communique avec le framework 1.1.

Nous avons utilisé un composant graphique Dunas pour pouvoir générer un histogramme automatiquement à partir d'une requête SQL, ce composant s'intègre à la plateforme .net.

4.3.1.2. Choix du langage : C#

Visual C#.NET [7] est l'un des meilleurs environnements de développement. Il permet un gain de temps considérable grâce à l'encapsulation des processus métier accessibles à partir de toutes plates-formes.

Parmi les avantages de C# .NET nous citons :

- **Interopérabilité** : l'appel des API Windows natives en utilisant des composants COM préconstruits et en exploitant les contrôles Microsoft ActiveX disponibles pour intégrer en douceur les applications et composants existants.

- **Langage moderne, orienté composant** : il permet une prise en charge inhérente des propriétés, des indexeurs, des délégués, des tableaux à une seule ou à plusieurs dimensions, de l'héritage avancé, des attributs et des commentaires XML.

4.3.1.3. Choix de SGBDR

- **Oracle 10G**

Les entreprises choisissent la base de données Oracle plus qu'aucune autre pour ses performances, sa fiabilité et sa sécurité. Conçue pour tous les types d'activités, la base de données Oracle offre aux PME/PMI des avantages tels qu'une installation simple et rapide, et des fonctions complètes d'autogestion.

- **ODP .NET**

L'ODP (Oracle Data Provider ou Fournisseur de données Oracle) .NET [8].Permet l'accès optimisé aux données des bases de données Oracle depuis l'environnement de Visual Studio .NET. ODP.NET permet aux développeurs de tirer profit des fonctionnalités avancées des bases de données Oracle, les bases de données XML, et la sécurité avancée. ODP peut être employé de n'importe quelle langage .NET, y compris C # et Visual Basic. ODP.NET rend l'utilisation d'oracle à partir de .NET plus flexible, plus rapide, et plus stable.

- **ODT .NET**

ODT (Oracle Developper Tools ou Outils du développeur Oracle) pour Visual Studio .NET [9] est un "Add-in" intégré à Visual Studio .NET qui apporte la puissance de la base de données Oracle aux développeurs .NET. L'explorateur Oracle permet de visualiser le schéma de la base de données, lancer les concepteurs et les assistants pour créer et pour changer les objets du schéma, et glisser les objets du schéma sur les formes pour produire automatiquement du code. Il y a également un éditeur de PL/SQL, et une aide de contexte en ligne intégrée, y compris les guides d'Oracle SQL et les guides utilisateurs PL/SQL. La fenêtre de données d'Oracle, permet de faire les tâches courantes de base de données comme l'insertion et la mise à jour des données ou l'exécution des Procédures stockées.

- **Procédures stockées**

Les procédures stockées sont des procédures écrites en langage PL/SQL, compilées et enregistrées dans la base de données. Elles permettent une optimisation du temps de traitement des données de la base par rapport aux requêtes SQL habituelles. En outre, elles assurent une meilleure clarté du code en le détachant des opérations se répétant avec chaque table, comme les insertions, les mises à jour, les suppressions et la récupération d'informations.

Enfin, elles facilitent la maintenance du code et de la base de données, cette adoption des procédures stockés à répondu à nos besoins techniques précédemment identifiés à savoir (Gestion de risque projet, Gestion des accès aux données, Gestion de plan d'action, Gestion de lancement projet). Un changement du nom d'une table ou d'un attribut, implique dans la programmation sans les procédures stockées, des modifications dans toutes les requêtes utilisées dans le code ayant une relation avec la modification, alors qu'avec les procédures stockées, il suffit de modifier les requêtes qu'elles contiennent.

4.3.2. Application réalisée

Dans cette partie nous allons illustrer les interfaces de l'application à travers des scénarii concernant les modules de gestion que nous avons réalisés et présentés par leurs degrés de priorité.

Dés qu'un utilisateur se connecte, un tableau lui sera affiché pour lui indiquer le nombre de risque et d'action qui ont un statut « Open », lui permettant ainsi d'avoir une idée sur les tâches qu'il lui reste à accomplir.

Dans notre cas, l'utilisateur « Majdi Bel Haj Ali » a un risque à atténuer et deux actions à clôturer comme le montre la figure suivante.

Figure 4.6 - Interface « Accueil » -

4.3.2.1. Gestion des utilisateurs

L'administrateur doit être le premier à accéder au système car c'est lui qui se chargera de définir les futurs utilisateurs de l'application et par conséquent attribuer les rôles et gérer les profils des utilisateurs.

Prenons l'exemple qu'un super administrateur ajoute un nouvel utilisateur pour accéder à notre application. Cet utilisateur a pour nom Khaled Khelil et il est employé comme développeur au sein de TELNET.

Figure 4.7 (a) - Interface « Gestion Utilisateurs » -

A chaque insertion d'un nouveau utilisateur, un numéro de rôle lui été affecté pour gérer les contrôles d'accès et définir pour chacun un menu approprié.

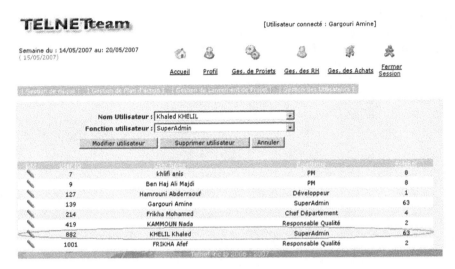

Figure 4.7 (b) - Interface « Gestion Utilisateurs » -

4.3.2.2. Gestion du risque projet

Pour ce module de gestion, nous allons présenter le cas du scénario le plus générale dans lequel le chef de projet identifie un nouveau risque en l'affectant à un projet par le saisi de ses différents attributs. Ensuite la consultation du classement du top ten risque.

Le chef de projet Majdi bel Haj Ali identifie un nouveau risque appartenant au projet TelnetSI. Ce risque est sous forme d'une incompétence du langage J2EE ce qui engendre le plan de mitigation suivant : « Formation J2EE ou recrutement Expert en J2EE ». Ce risque présente une probabilité estimée à 60% et un impact modéré sur le projet ce qui génère un coefficient d'exposition égale à 3,6 en se basant sur la formule 2.1. Il doit être résolu avant le 16 du mois de Juillet 2007 par le même acteur.

Figure 4.8 (a) - Interface « Gestion Risque projet » -

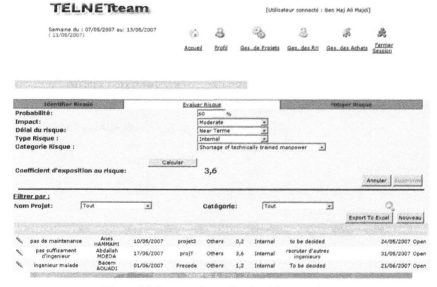

Figure 4.8 (b) - Interface « Gestion Risque projet » -

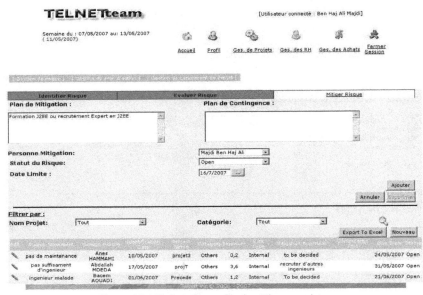

Figure 4.8 (c) - Interface « Gestion Risque projet » -

Et voici le résultat :

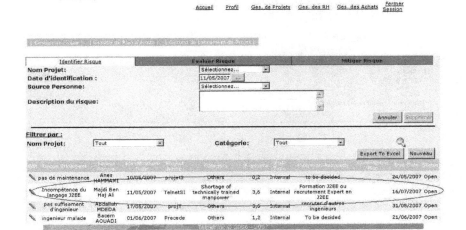

Figure 4.8 (d) - Interface « Gestion Risque projet » -

Nous avons préféré décomposer les caractéristiques du risque en trois parties suivant les cas d'utilisation déjà présentés dans le 2ème chapitre, et ceci pour une meilleure ergonomie et accessibilité.

De plus, chaque utilisateur a la possibilité de consulter le « TopTenRisk » qui est représenté à travers la figure 4.9

Le « TopTenRisk » liste les dix premiers risques qui ont le plus grand Cœfficient d'exposition de manière descendante dans une table. Le graphique présent dans l'interface illustre la somme des cœfficients de chaque catégorie des risques qui sont au nombre de dix.

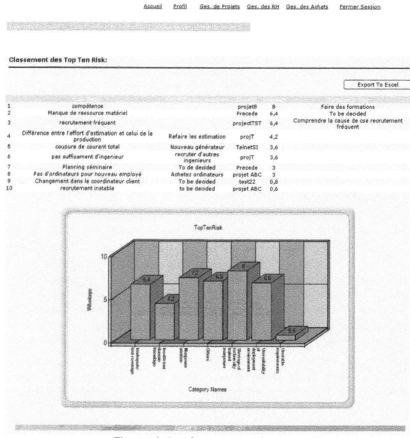

Figure 4.9- Interface « Top ten risque » -

L'export vers Excel est accessible à travers l'interface du TopTenRisk où il permet d'afficher un tableau récapitulatif ainsi que l'histogramme sous forme de table.

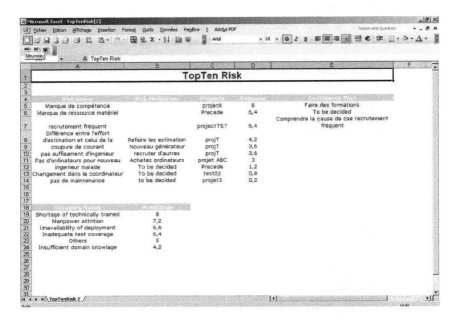

Figure 4.10 Interface « Export vers Excel » -

4.3.2.3. Gestion de lancement projet

Concernant ce module de gestion, nous allons présenter le Workflow de notre système en montrant la succession de l'état de la fiche de lancement de projet entre les différents acteurs à savoir le chef de projet en premier lieu, qui s'occupera de remplir les détails du projet, affecter l'équipe, saisir les éléments d'entrés et enfin valider ses saisies par l'envoi de mail automatique au chef du département. En deuxième lieu c'est le chef de département qui devra saisir ses observations et les faire circuler au responsable qualité avec un envoi de mail automatique pour le prévenir des modifications apportées. Finalement le responsable qualité n'aura qu'a décider ou non du la faisabilité du projet et dans ce cas attribuer un code interne projet.

Nous prenons l'exemple que le chef de projet Majdi bel Haj Ali veuille saisir une nouvelle fiche de lancement projet. Son nom est « Telenet Sys Inf », le projet dure environ deux mois et a besoin de onze développeurs pour se faire. Le chef de projet valide et à cet instant l'interface de l'affectation des équipes s'affiche immédiatement.

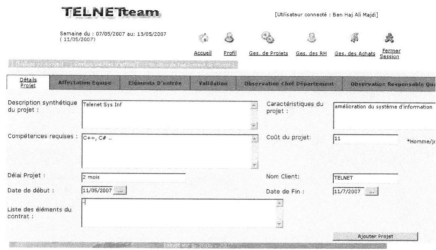

Figure 4.11 (a) - Interface « Gestion lancement de projet » -

Le chef de projet doit sélectionner la liste de l'équipe projet, coordinateur qualité et enfin celle des experts désignés.

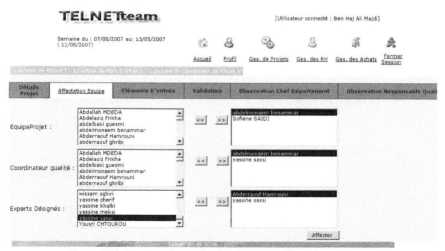

Figure 4.11 (b) - Interface « Gestion lancement de projet » -

A ce stade, le chef projet doit saisir les périodicités des réunions ainsi que les éléments d'entrée du projet qui sont dans notre exemple composés du devis, le planning, les spécifications systèmes et le plan de qualité.

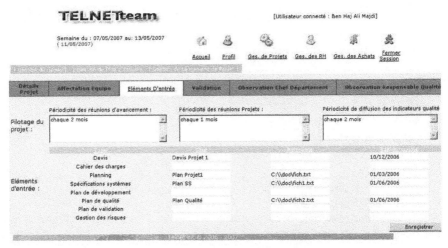

Figure 4.11 (c) - Interface « Gestion lancement de projet » -

La dernière étape pour le chef de projet est de désigner le chef département à qui il va envoyer un mail automatique pour l'avertir du lancement d'un nouveau projet ainsi au service qualité, et il termine par la validation.

Figure 4.11 (d) - Interface « Gestion lancement de projet » -

Une fois le mail envoyé au chef département, un mail lui sera envoyé comme suit :

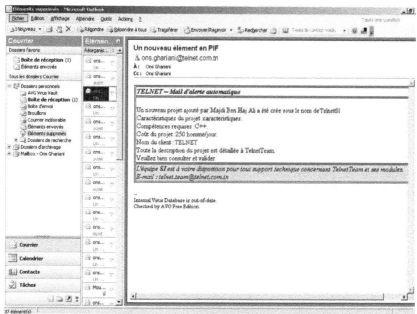

Figure 4.11 (e) - Interface « Gestion lancement de projet_envoi de mail» -

Maintenant, c'est au chef département ou le responsable qualité qui va continuer la saisie des données restantes. Lors de sa connexion, les projets en cours pour la validation du chef département et du responsable qualité vont s'afficher.

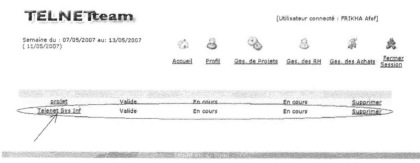

Figure 4.12 - Interface « Gestion lancement de projet » Liste des projets –

L'utilisateur clique alors sur le projet à valider et les données s'afficheront mais le plus important est de remplir les observations et les validations. Ceci est illustré par les figures 4.13 (a) et 4.13 (b) et valider à leurs tour leurs saisi pour modifier le statut du projet.

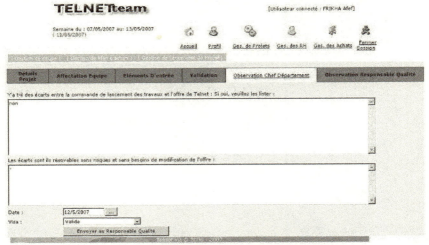

Figure 4.13 (a) - Interface « Gestion lancement de projet » -

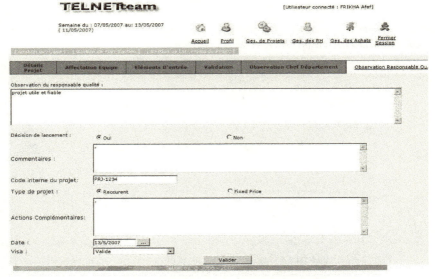

Figure 4.13 (b) - Interface « Gestion lancement de projet » -

4.3.2.4. Gestion de plan d'action

Dans ce module, nous prenons comme exemple l'ajout d'une nouvelle action par un chef de projet, sachant que tous les acteurs de notre système ont accès à la mise à jour des actions du projet, par la saisie de ses différents attributs. Ensuite nous présenterons un exemple de modification et de suppression d'une action.

Le développeur Amine Trabelsi saisi une nouvelle action ayant pour sujet « Terminer la programmation » qui appartient au projet TelnetSI et qui doit se terminer le 11 mai mais il l'a terminé après 2 jours.

*Cette action est une action projet ayant une priorité moyenne et comme note « Programmation avec .Net ».*Toutes ces informations sont illustrées dans la figure 4.14.

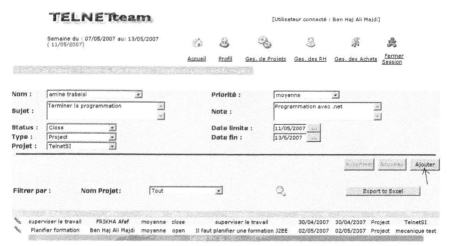

Figure 4.14 - Interface « Gestion de plan d'action» -

4.4. Conclusion

Dans cette partie nous avons présenté l'environnement matériel et logiciel de notre projet, cet environnement est caractérisé par l'utilisation de la technologie .NET, une nouvelle technologie qui est entrain de gagner des adeptes dans la communauté des développeurs. Ensuite nous avons illustré les différentes fonctionnalités de notre application à travers quelques interfaces afin de donner une meilleure idée du travail réalisé.

Et enfin, nous avons pu dégager les caractéristiques de l'application entre autres les interactions entre les tables du système de gestion de base de donnée Oracle et langage PL\SQL.

CONCLUSION GENERALE

Au-delà de leurs aspects techniques, les changements que l'intranet induit dans l'entreprise sont d'une ampleur comparable à ceux introduits par Internet dans notre société. En Effet, sa puissance non seulement de communication, mais aussi de mémoire, d'interaction, d'information, de mise en relations et de convergence des flux, rend l'intranet un outil indispensable dans la vie des organisations.

En incluant le système de gestion des risques projet, les entreprises se concentrent sur les risques qui pèsent sur un projet ce qui permet de le maîtriser rapidement. Le système de gestion de plan d'action permet une meilleure organisation au sein de l'équipe. Et enfin, la gestion de lancement de projet sert à accroître la productivité en minimisant les temps d'échange de l'information.

L'expérience de l'intégration d'un travail dans le cadre du système d'information est très enrichissante par rapport au travail au sein d'un groupe, aux difficultés et la complexité de la manipulation d'une grande base de données relationnelle avec Oracle 10g et le langage PL/SQL.

Ce projet a également contribué à acquérir de nouvelles connaissances dans le domaine du développement Web par la maîtrise de la technologie .NET et le langage C#, aussi à l'amélioration des connaissances acquises dans le domaine du développement orienté objets utilisant le langage UML et ce d'un point de vue théorique et pratique.

Cependant, par manque de temps, nous n'avons pas pu s'approfondir d'avantage dans l'implémentation d'autres fonctionnalités qui auront pu améliorer notre application comme l'implémentation d'un système d'aide à la décision pour la résolution de risque ainsi que l'intégration de la technologie « Ajax » pour l'amélioration de l'interface homme/machine et l'accroissement des performances de l'application.

NETOGRAPHIE

[1] Gestion de risque -Stratégie de gestion de risque-. [En ligne]. Disponible sur :
http://www.fr.wikipedia.org/wiki/Gestion_du_risque

[2] Xavier Borderie, JDN Développeurs, Journal Du Net
http://www.journaldunet.com/developpeur/tutoriel/theo/060524-modele-cmmi.shtml

[3] Richard Basque © Dunod Editeur, 22 Septembre 2004
http://www.dunod.com/interviews/48308/48308_Interv_Basque.pdf

[4] Clever Age .CMMi ou comment maîtriser vos développement. Disponible sur :
 http://www.clever-age.com/spip.php?page=article&id_article=188.

[5] Risk guideline spécifique à TELNET consultable sur la bibliothèque interne de
TELNET.

[6] Microsoft .NET. [En ligne]. Disponible sur :
www.microsoft.com/france/net/decouvrez/default.mspx

[7] Microsoft C# .NET. [En ligne]. Disponible sur:
www.microsoft.com/france/vcsharp/decouvrez/fonctions.asp

[8] Oracle. Oracle Data Provider for .NET. [En ligne]. Disponible sur
www.oracle.com/technology/tech/windows/odpnet /index.html

[9] Oracle. Oracle Data Provider for .NET. [En ligne]. Disponible sur :
www.oracle.com/technology/tech /dotnet/tools/index.html

www.ingramcontent.com/pod-product-compliance
Lightning Source LLC
LaVergne TN
LVHW042339060326
832902LV00006B/273